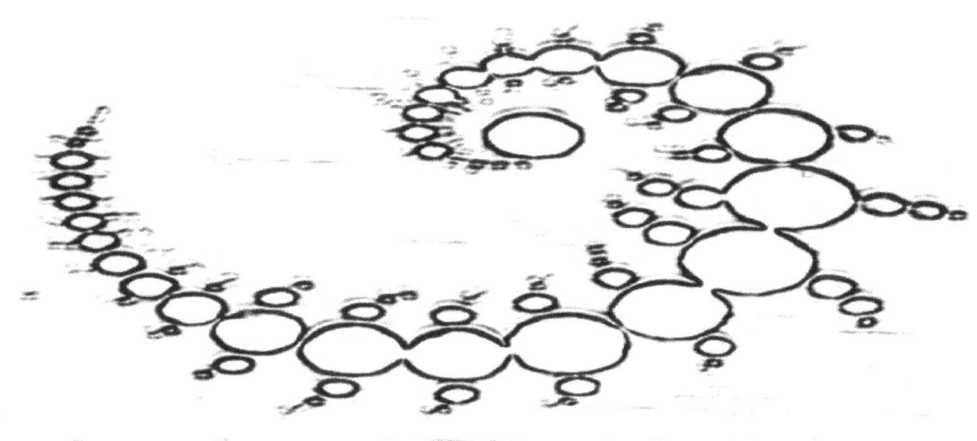

Die Kornkreise Malbuch

Volume 1

Genießen Sie es, die Geheimnisse der Kornkreise zu entdecken, indem Sie 60 + Kornkreise mit realen Foto Zeichnungen (20. Jahrhundert)

Von

Mark Honors

Einführung

Kornkreise sind Formen, die durch schmeichelnde Pflanzen Felder wie Weizen, Gerste, Raps, Mais, Leinsamen, Gras und sogar Borage entstehen. Ihre Zahl ist von den 1970er Jahren bis in die heutige Zeit deutlich gewachsen. Die Autoren der Entwürfe sind umstritten; Einige glauben, dass Sie die Arbeit fremder sind; andere sagen, dass Sie Hoaxes und die Schöpfung des Menschen sind.

Aufgrund der wachsenden Komplexität der Zahlen und der kurzen Phase ihrer Ausarbeitung (eine Nacht) gibt es jedoch ernsthafte Argumente für eine Intervention im Vorfeld der Geheimdienste.

Tatsächlich kursieren viele Korn Kreis Theorien darüber, wie Sie durchgeführt werden könnten. Zum Beispiel mit Plasma, Mikrowellen, elektromagnetischen Feldern oder auch einfachen menschlichen Werkzeugen, aber bis jetzt hält sich das Crop-Zirkel-Mysterium ungeklärt.

Aus diesem Grund habe ich dieses Kornkreise-Buch mit 60 Zeichnungen aus realen Kornkreisen-Bildern veröffentlicht. Das Ziel ist es, Sie, den Aficionado, einzuladen, sich für dieses Phänomen zu sensibilisieren und selbst die beabsichtigten Korn Kreis Bedeutungen zu analysieren, indem Sie Sie mit verschiedenen Farben malen und die Wahrhaftigkeit überprüfen, indem Sie Ihre Komplexität untersuchen. Dieses Buch enthält Zeichnungen aus Kornkreisen aus der Zeit: 1970-1999.

Auf diese Weise werden Sie unterhalten und gleichzeitig werden Sie zu einem Forscher, der weiß, ob einer von Ihnen die Kornkreise erklären lassen und zur Offenbarung der Kornkreise beitragen kann.

Tipps für die Malerei:

- Wählen Sie eine Grundfarbe (zum Beispiel: grün).
- Gehen Sie auf Kuler.Adobe.com und holen Sie sich eine Familie von Farben.
- Finden Sie den Ursprung der Sonne.
- Malen Sie die Schatten mit der dunklen farbbasis (zum Beispiel: dunkelgrün).
- Malen Sie die flachen Figuren mit hellen Farben (zum Beispiel: gelb oder hellgrün).
- Die Pflanzen mit Median Farben bemalen (z.b.: grün).

Beachten Sie, dass verschiedene Kulturen haben unterschiedliche Farben. Daher verweisen Sie auf die Beispiele, die im Cover des Buches gezeigt werden. Weitere Beispiele finden Sie auf Pinterest.com.

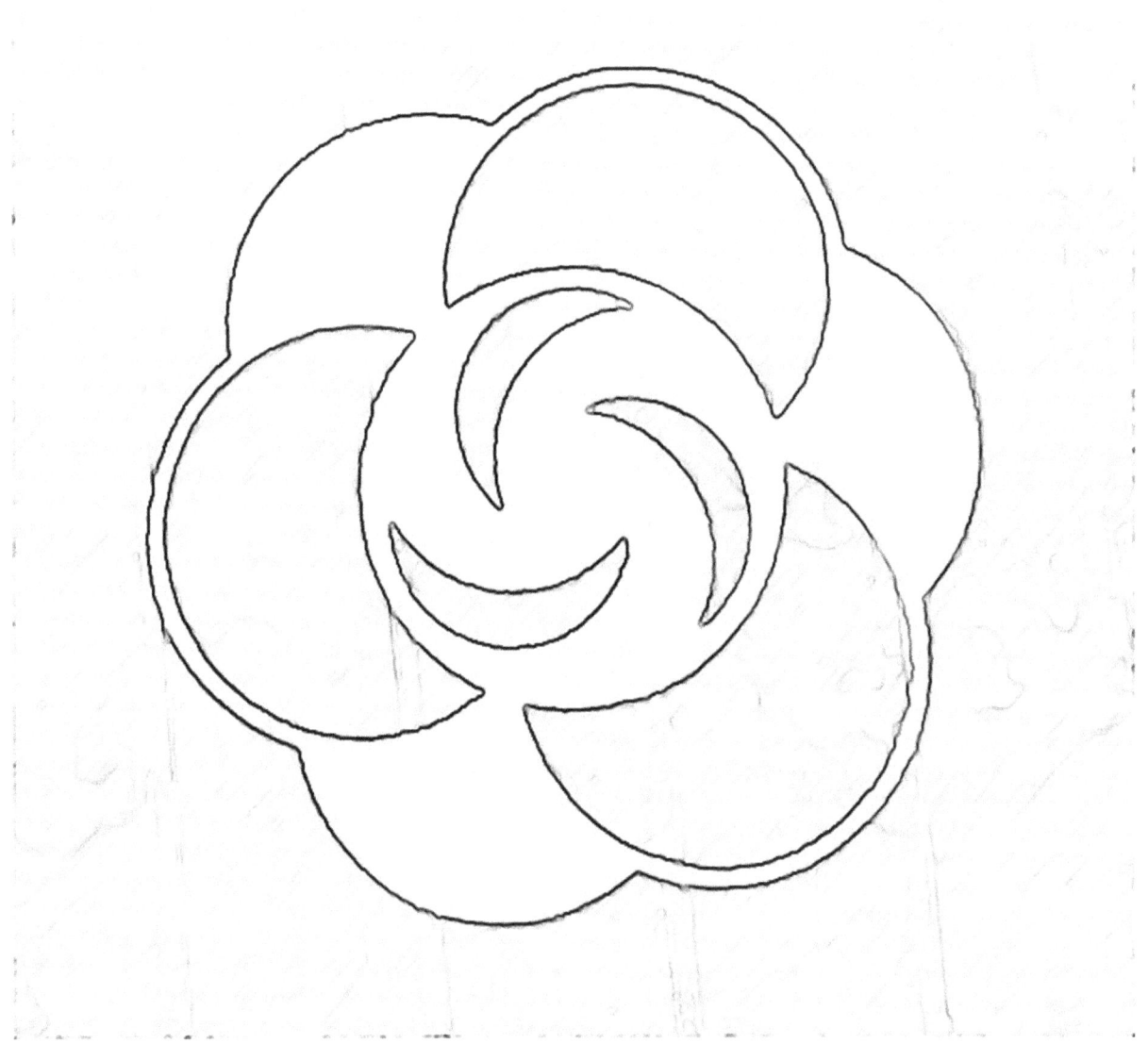

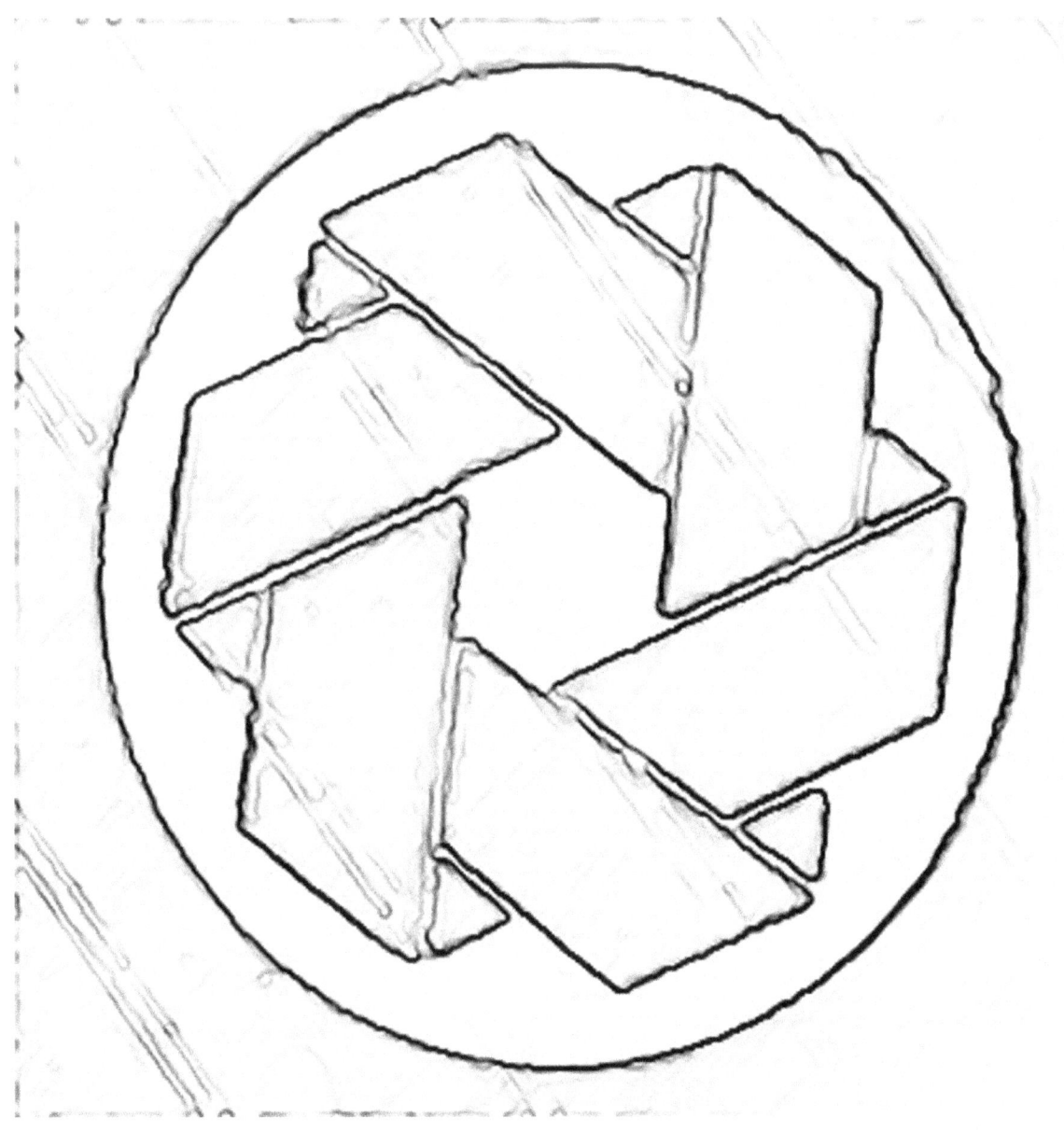

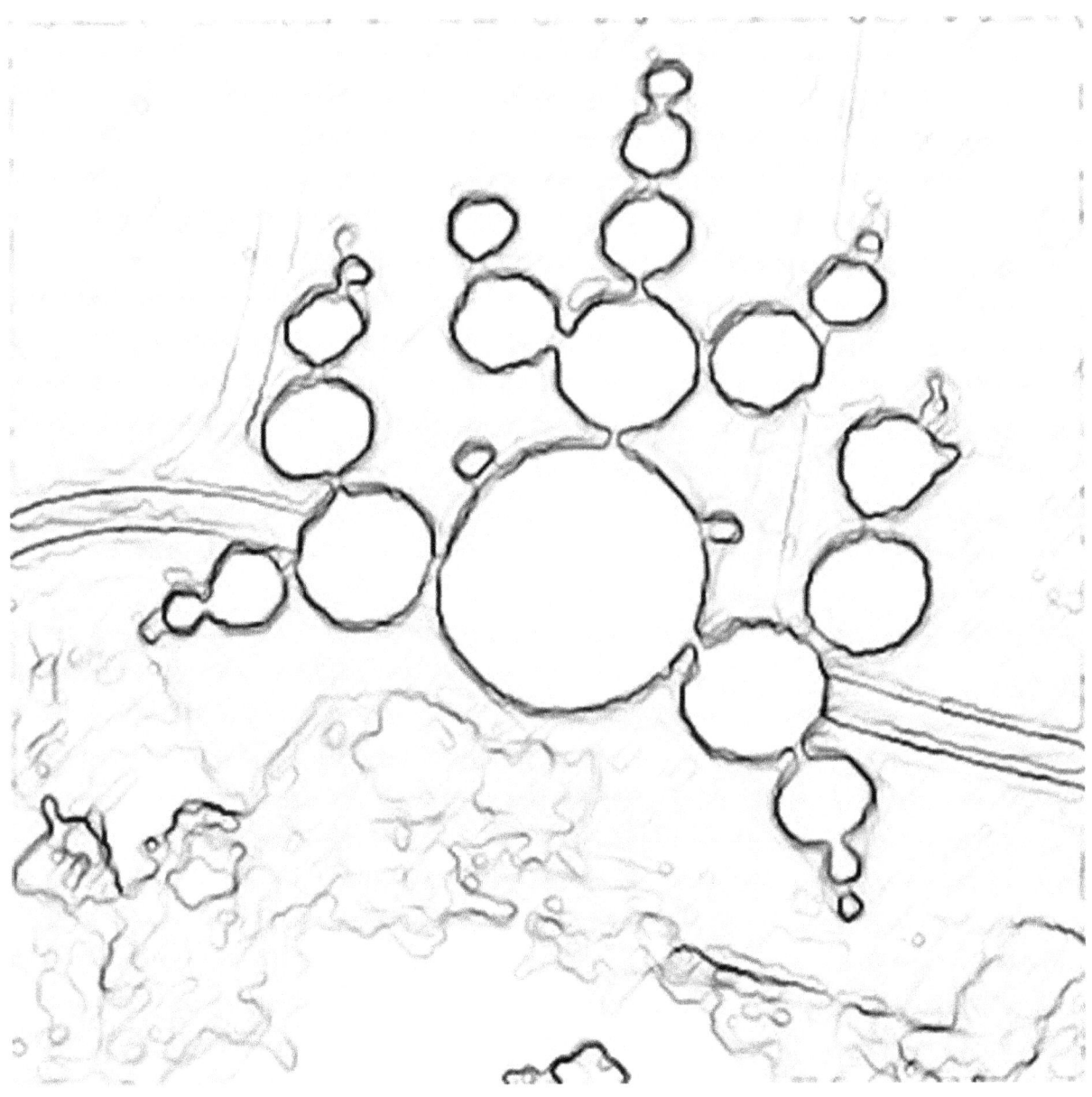

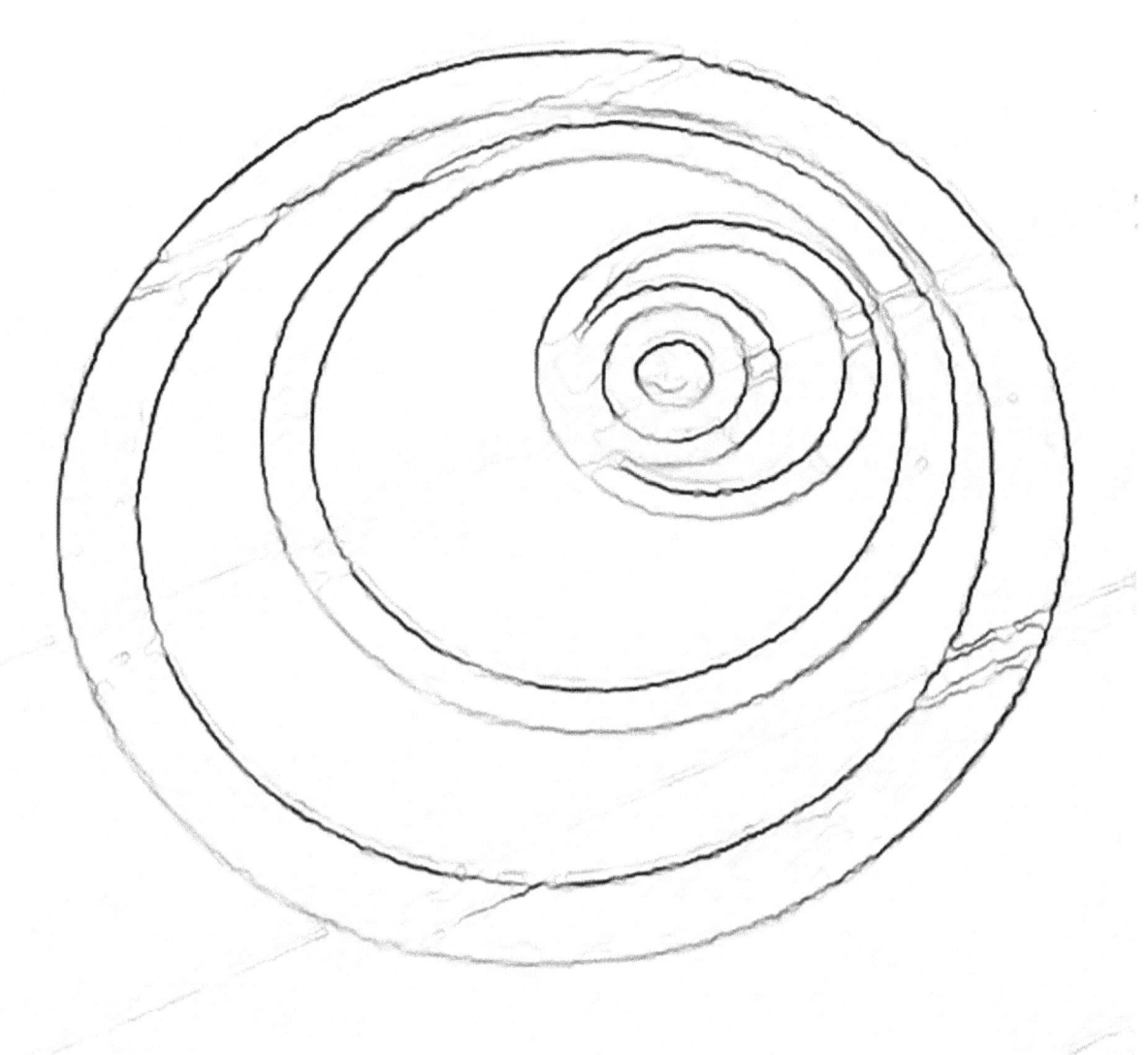

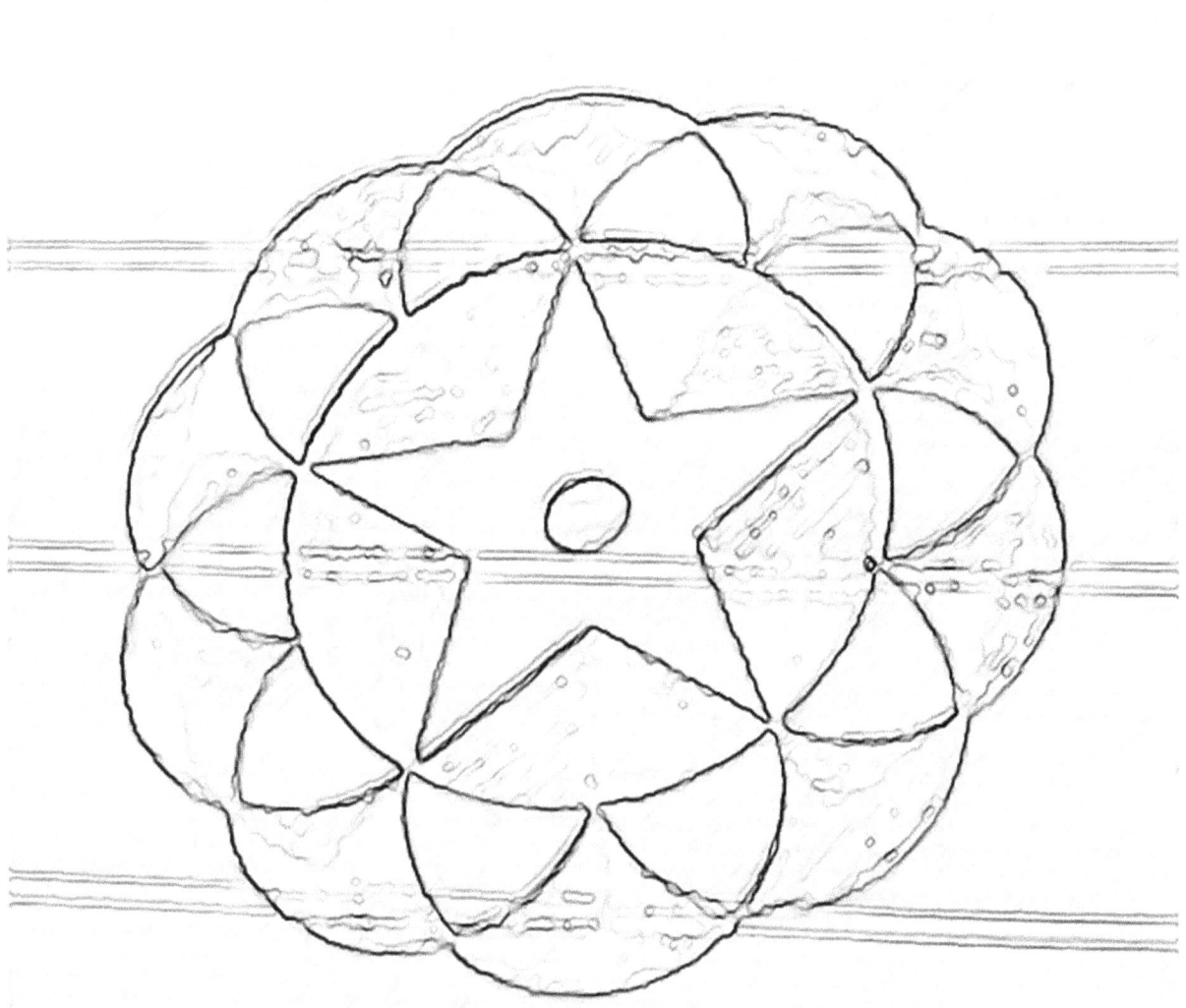

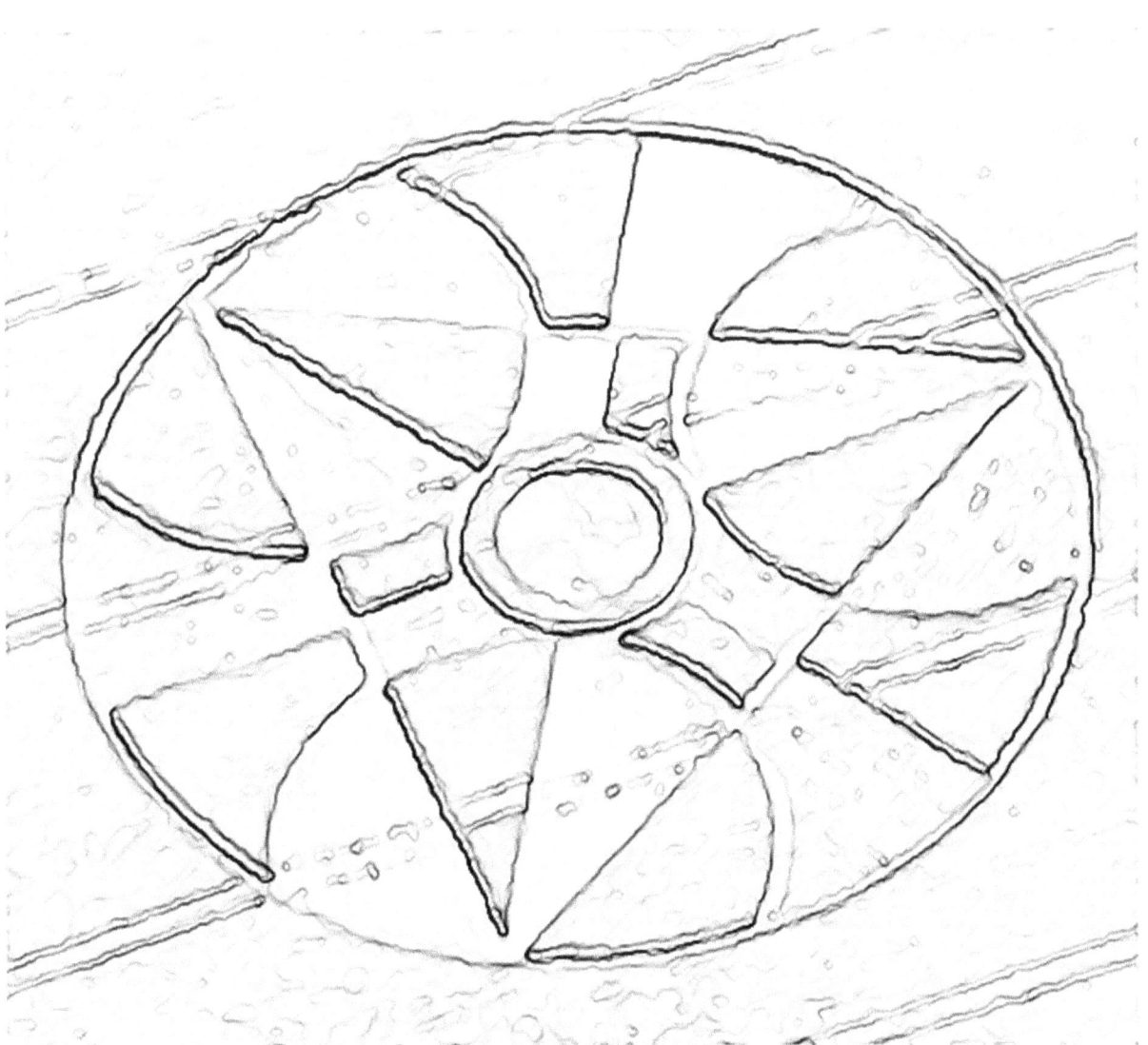

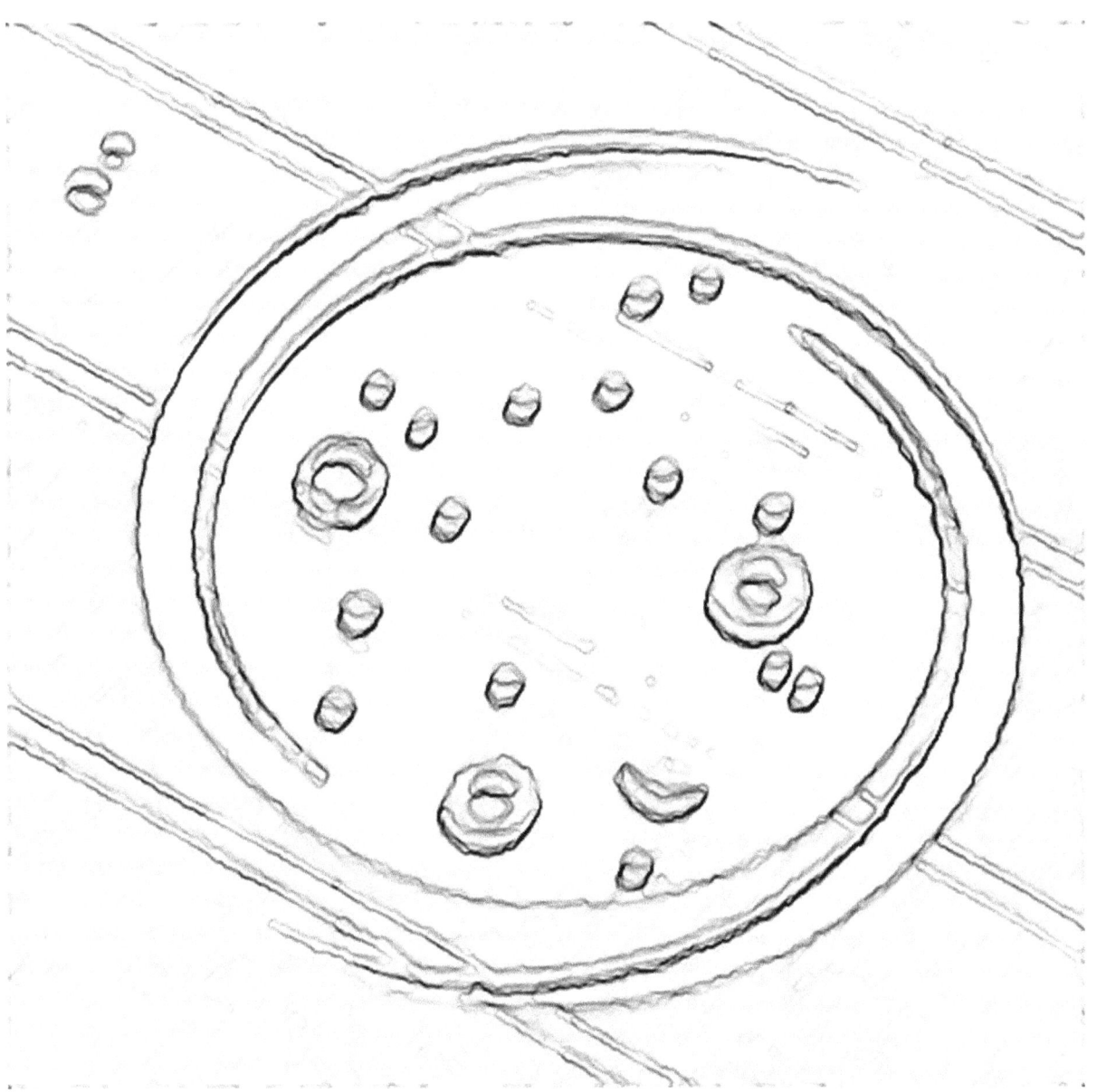

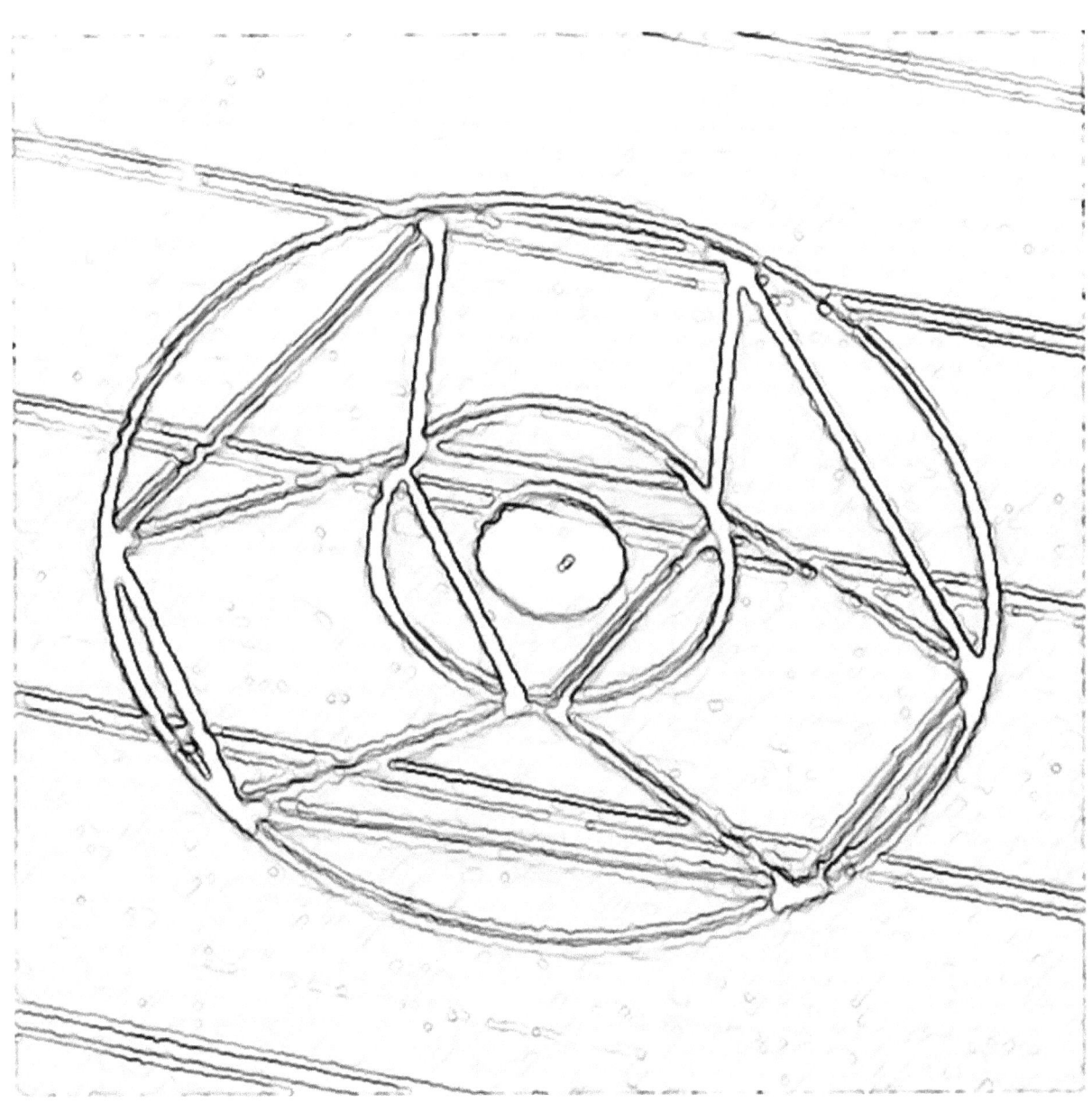

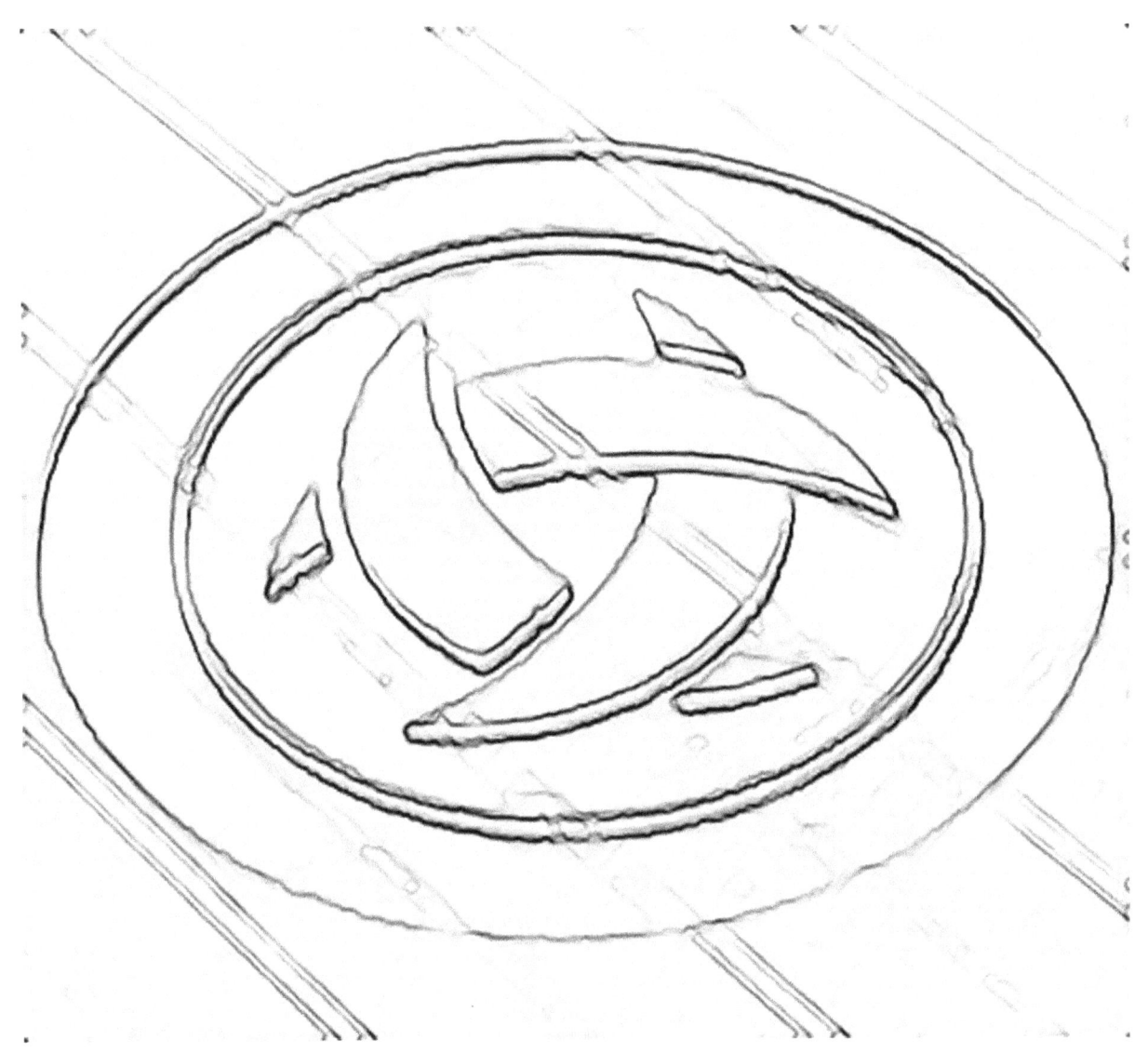

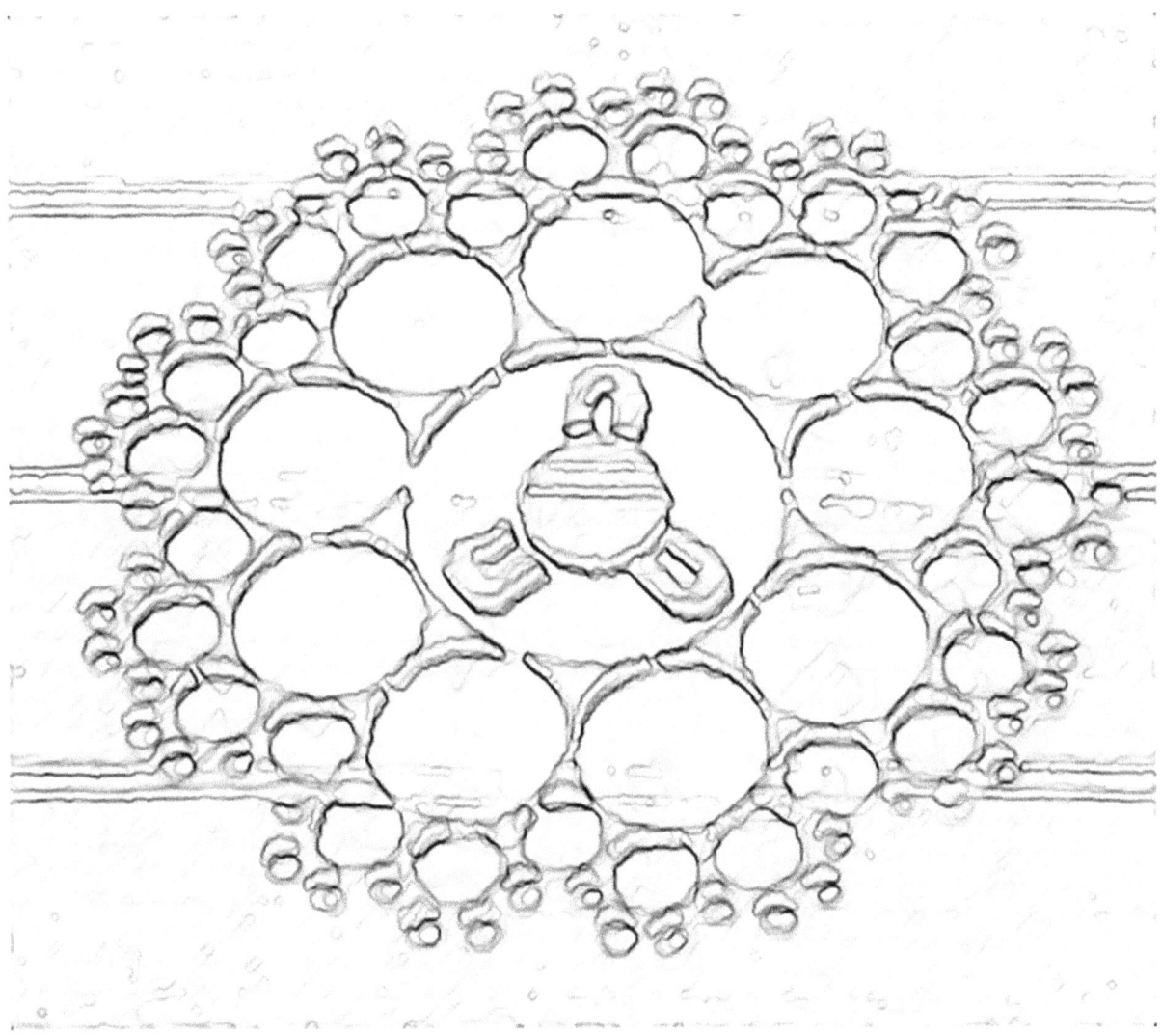

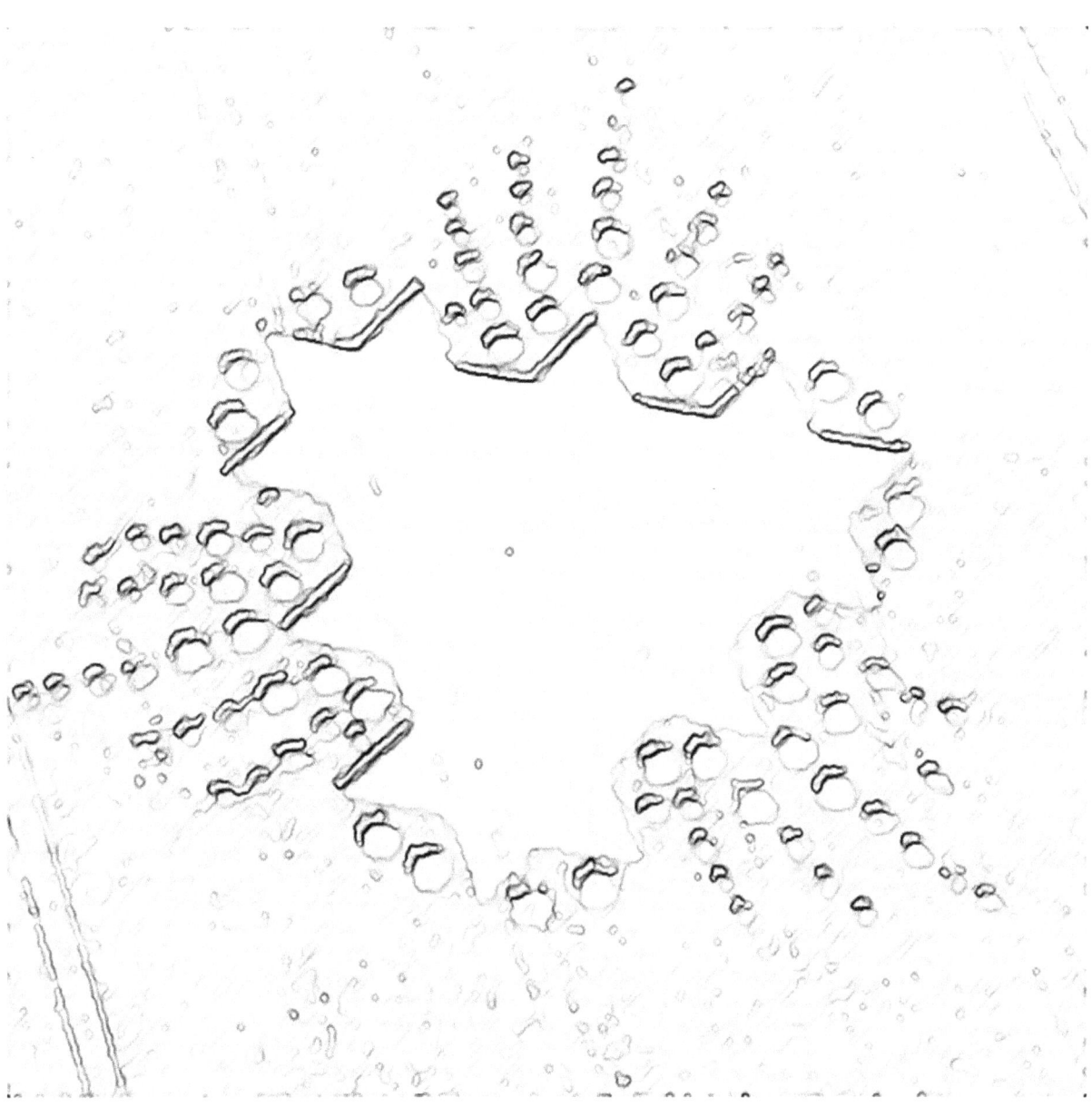

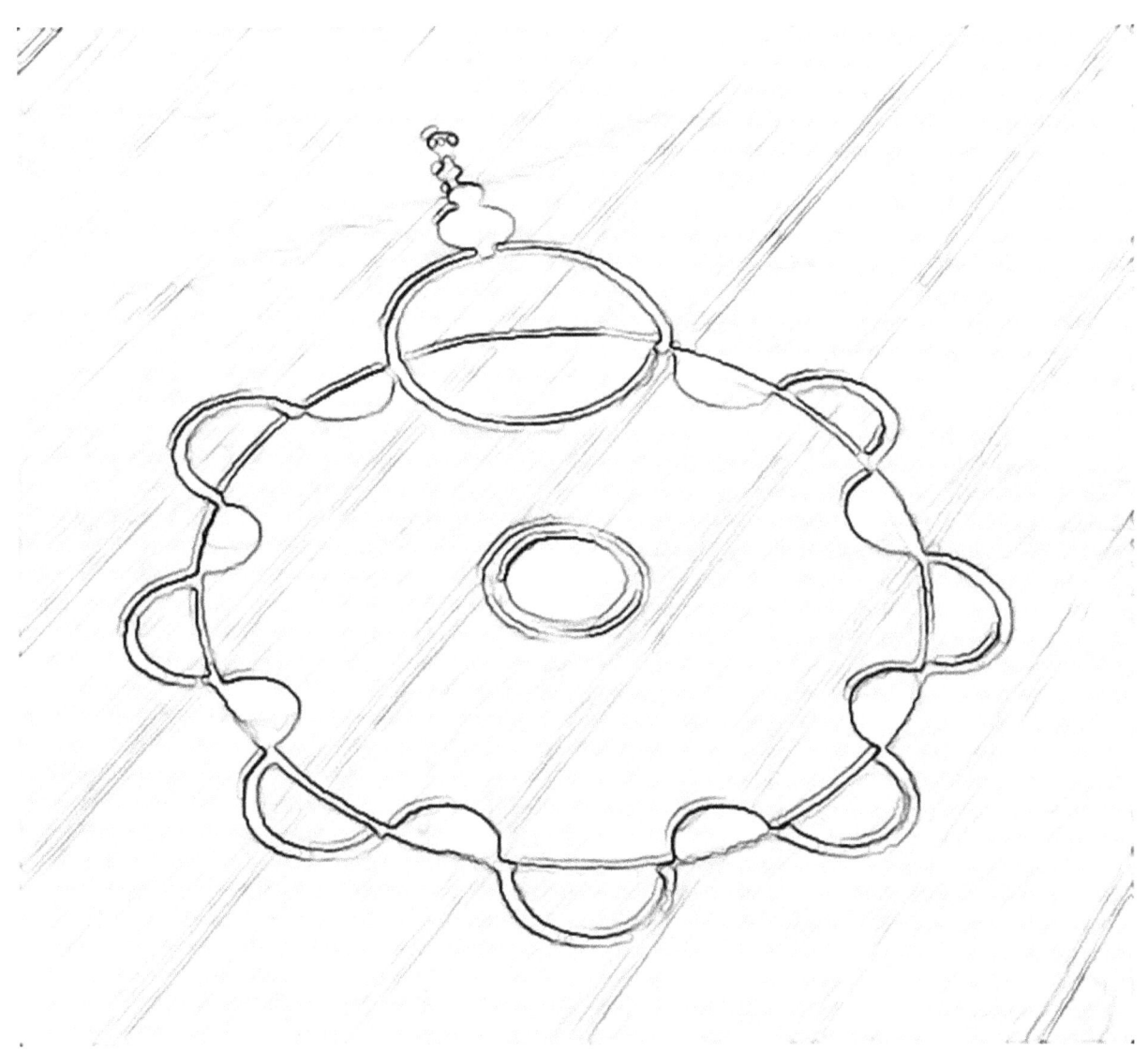

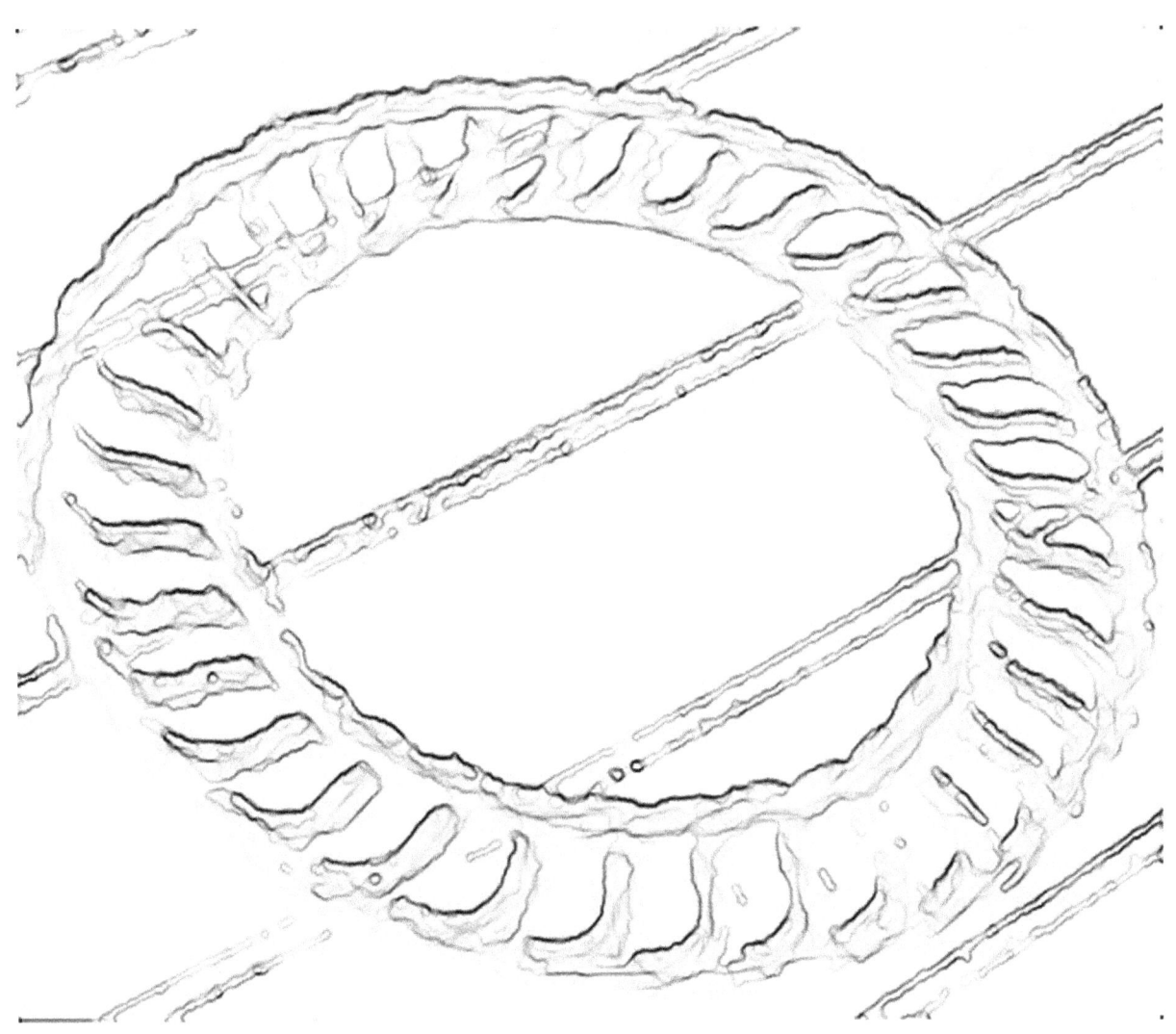

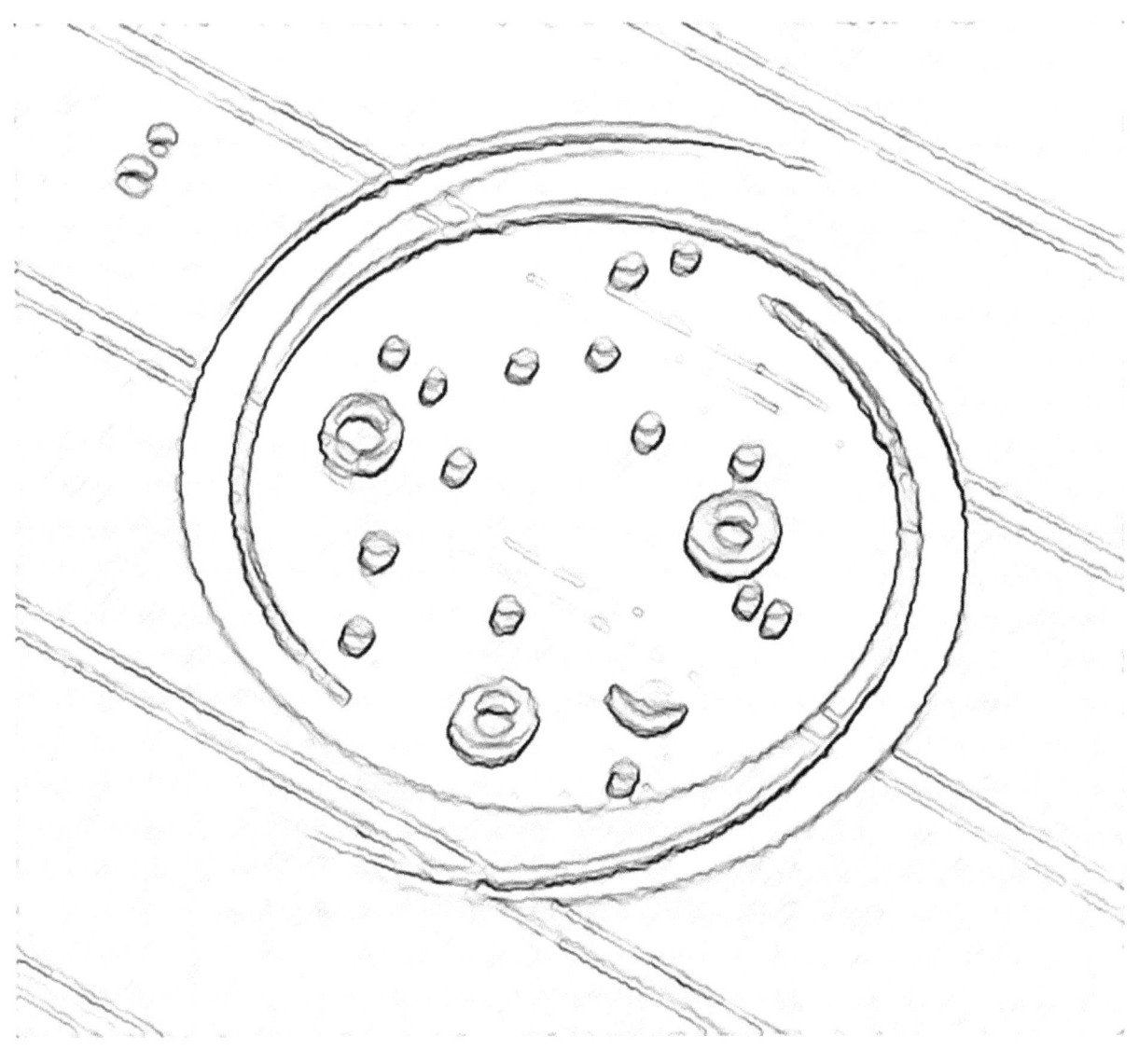

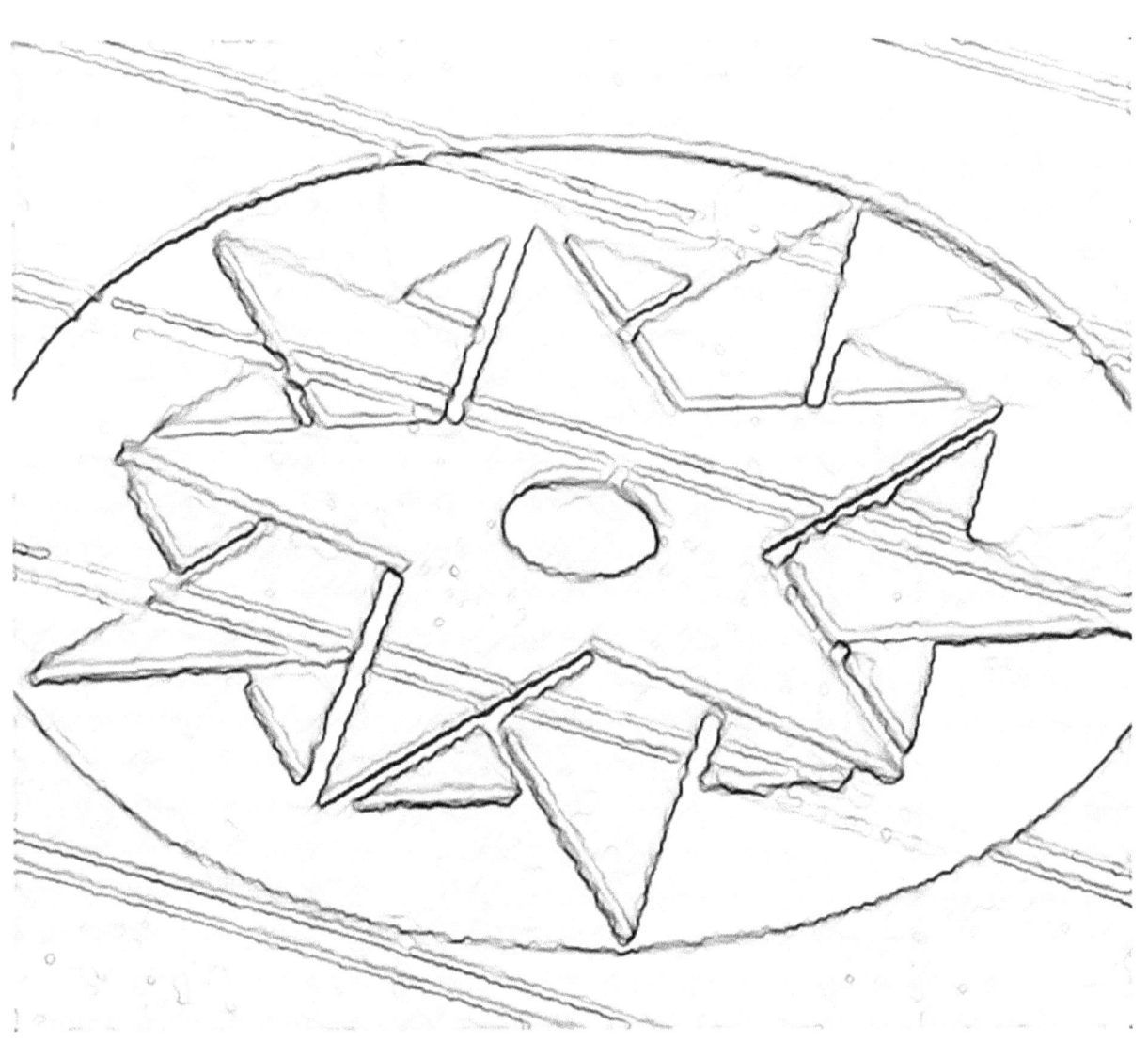

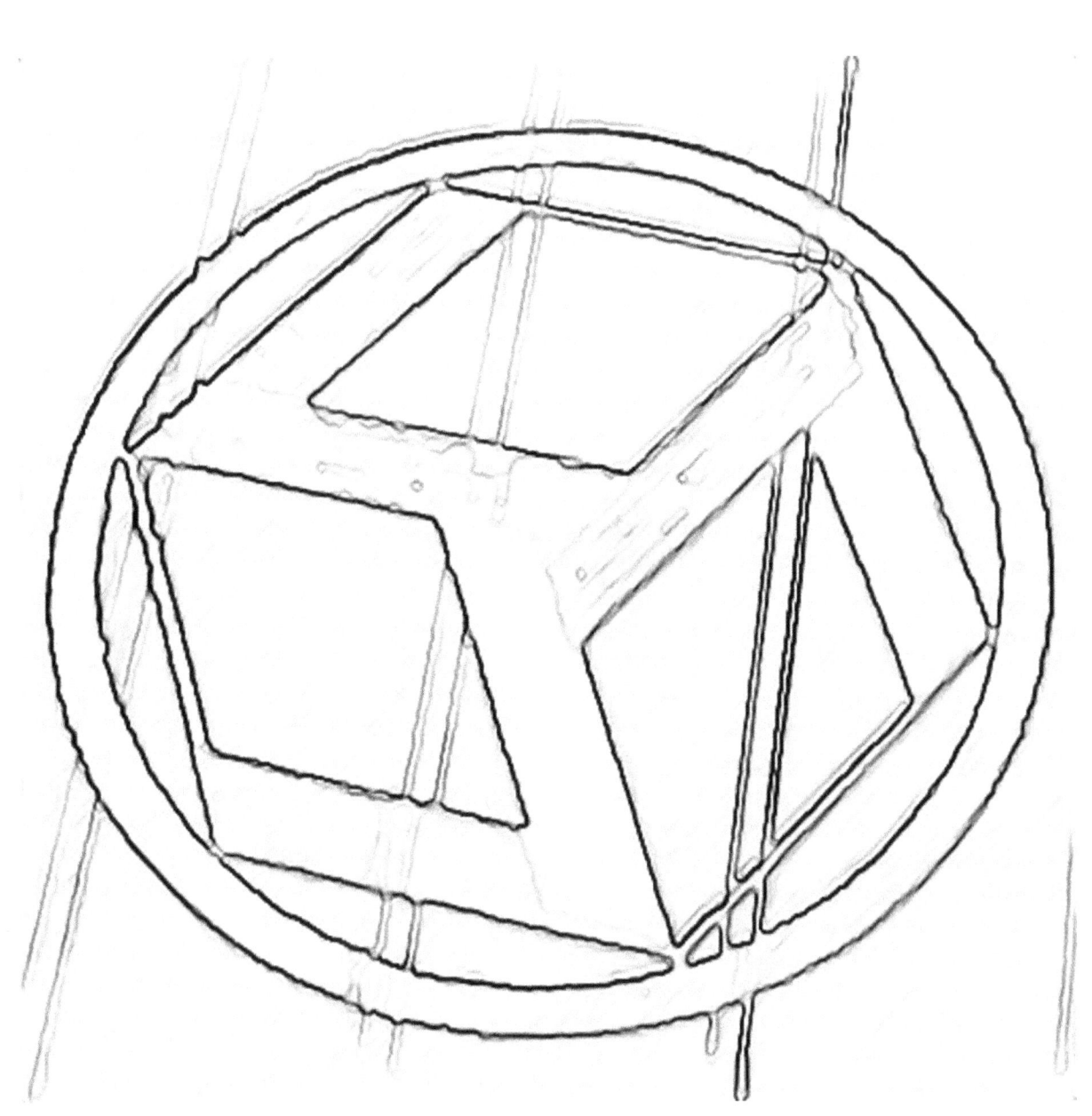

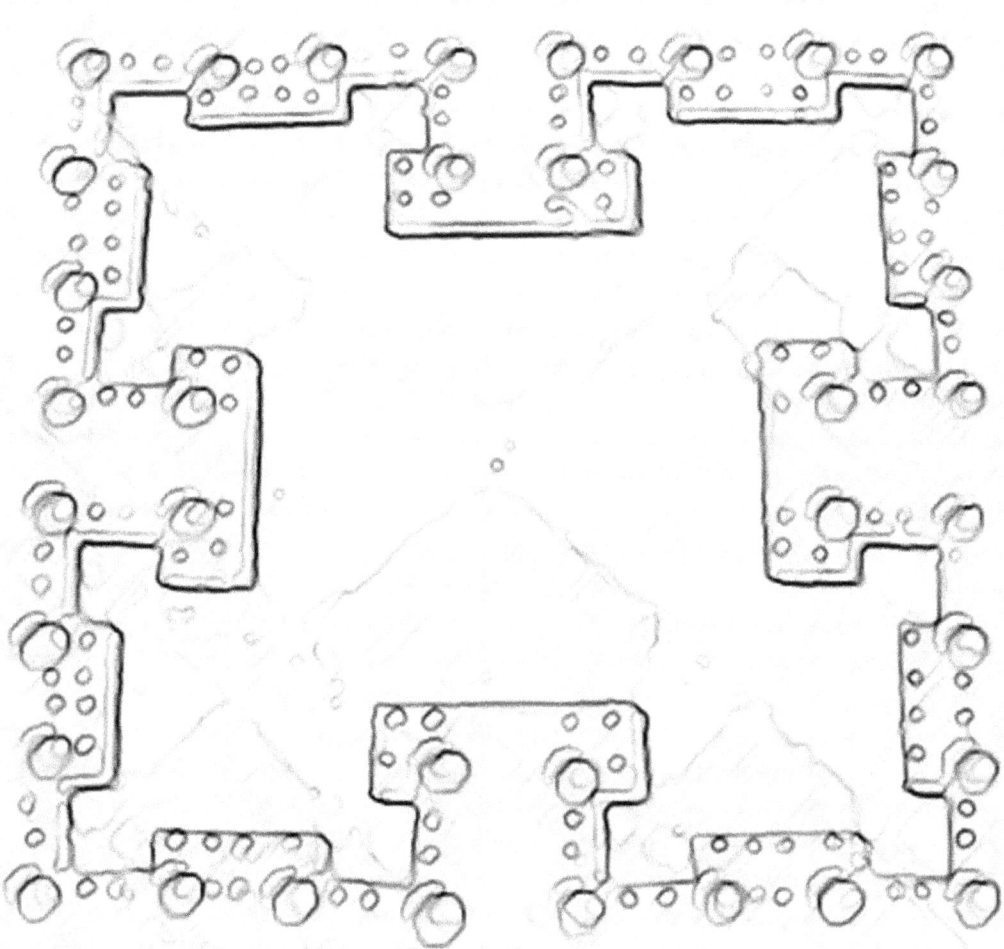

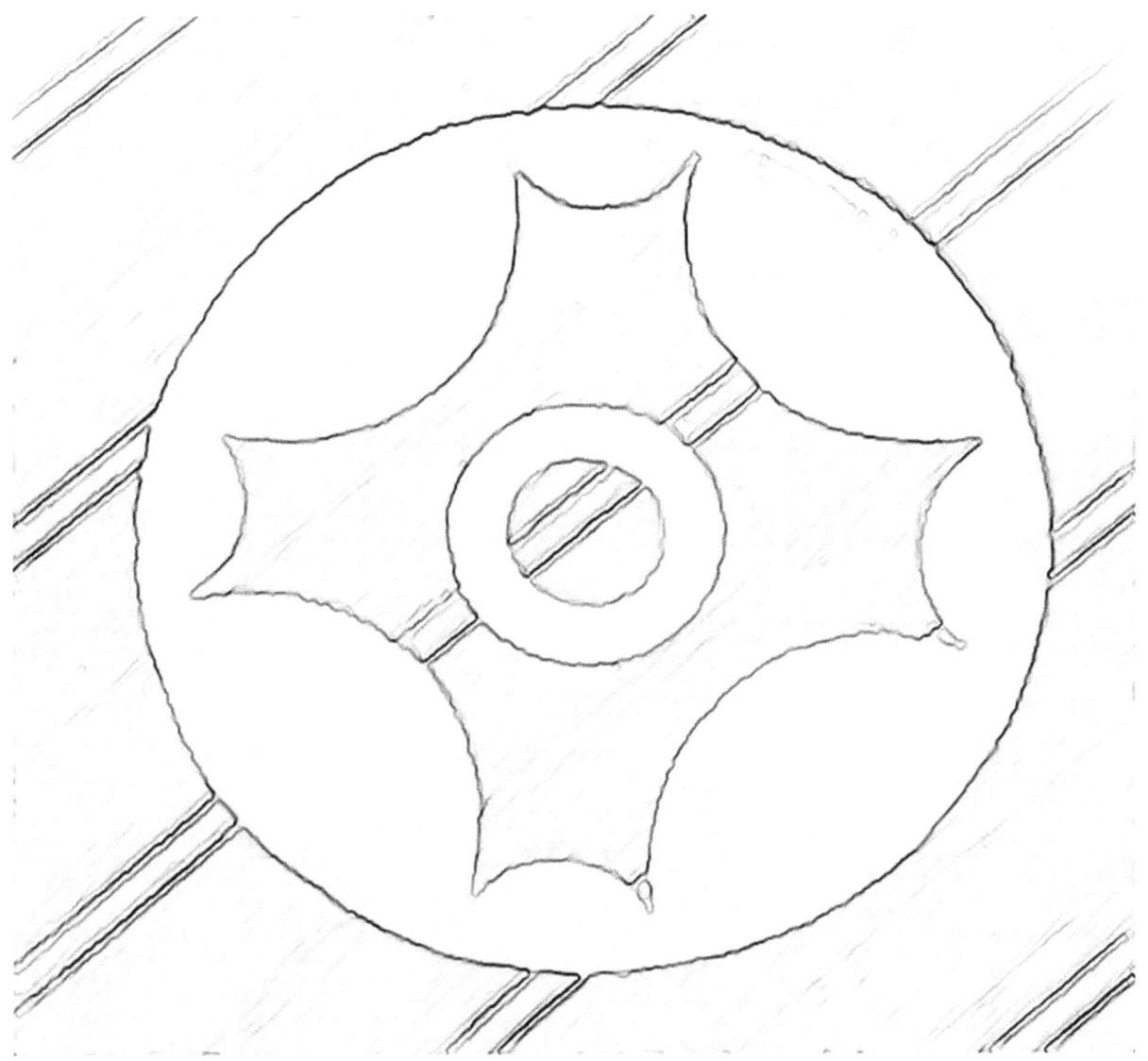

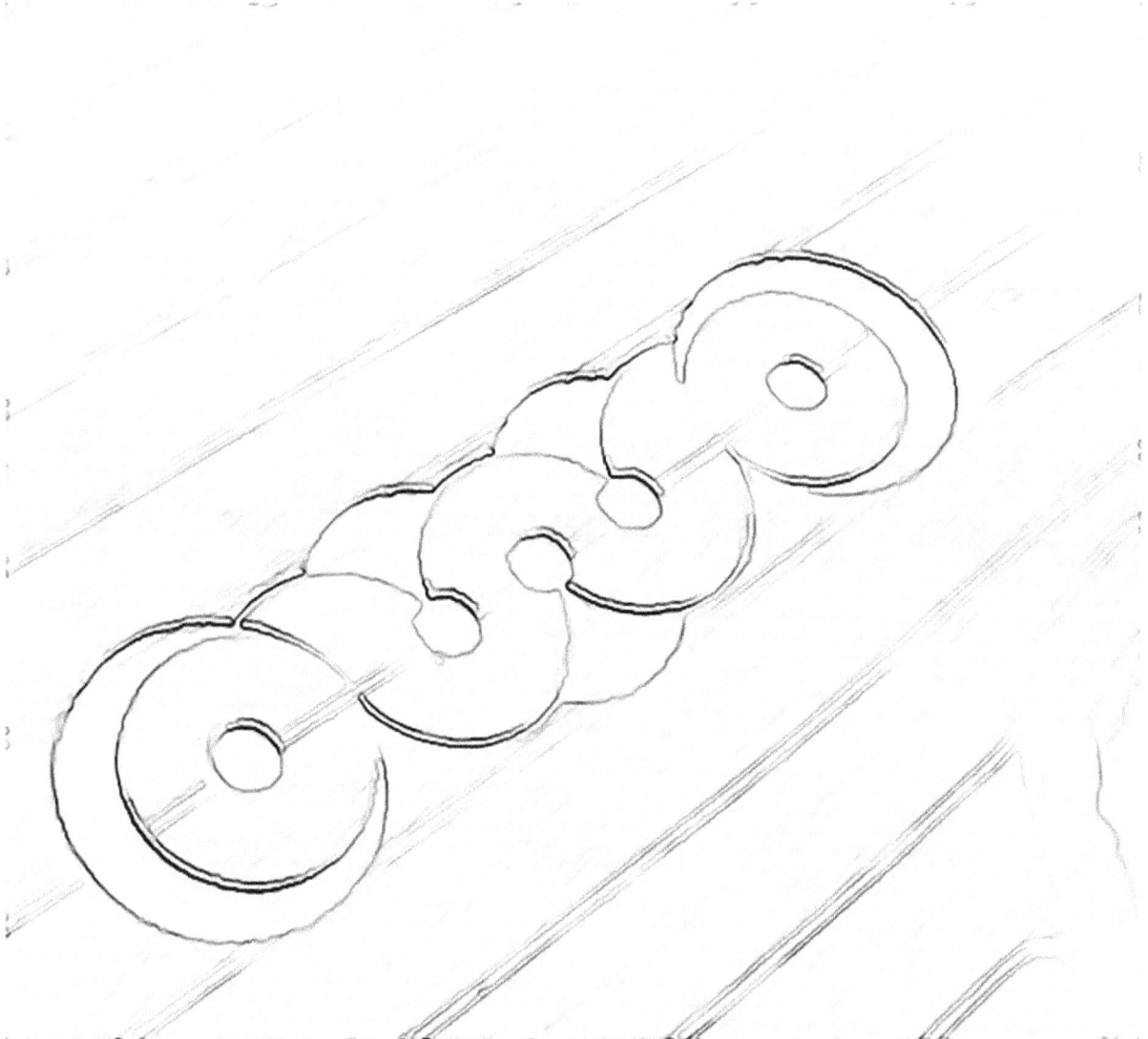

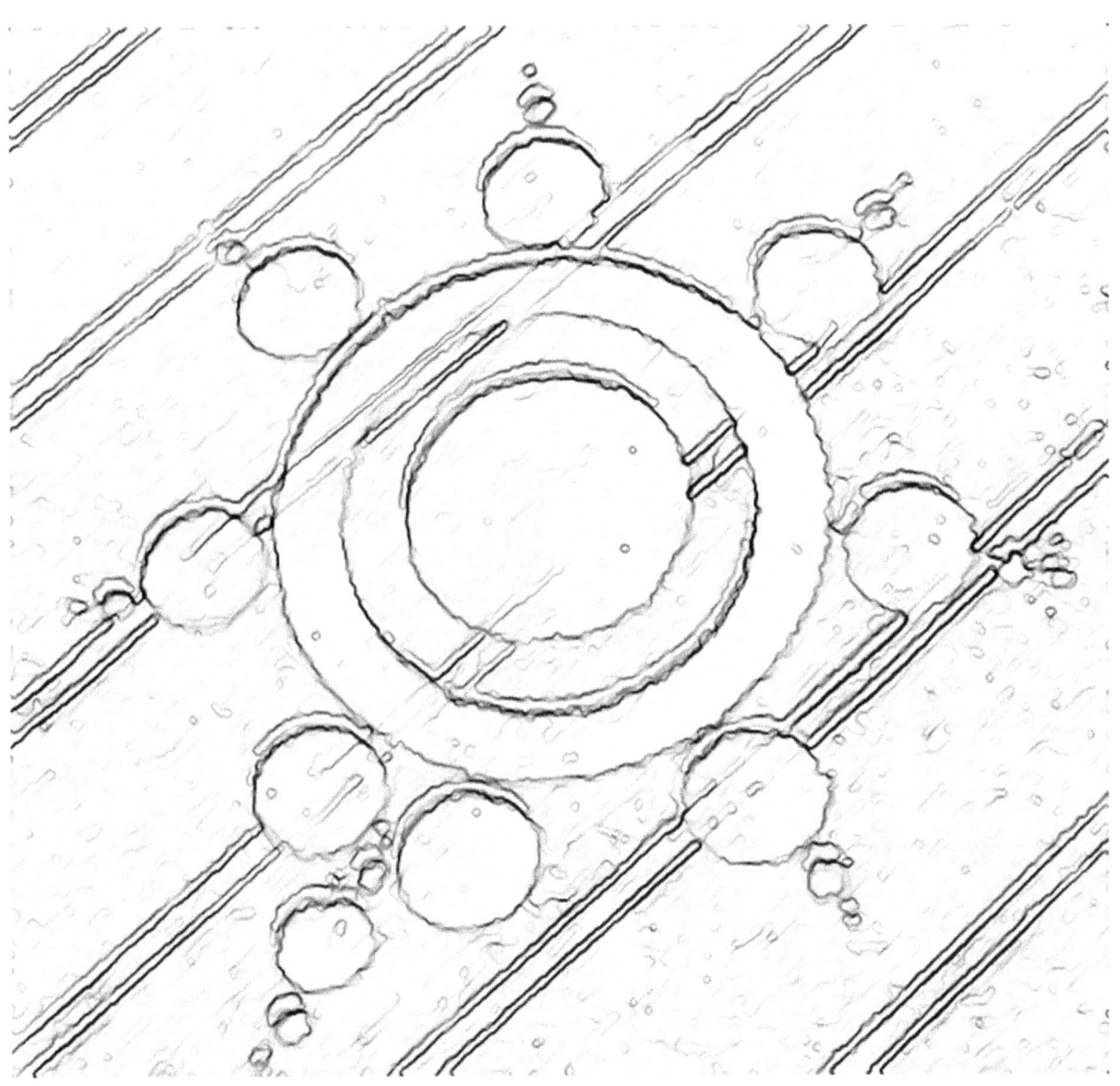

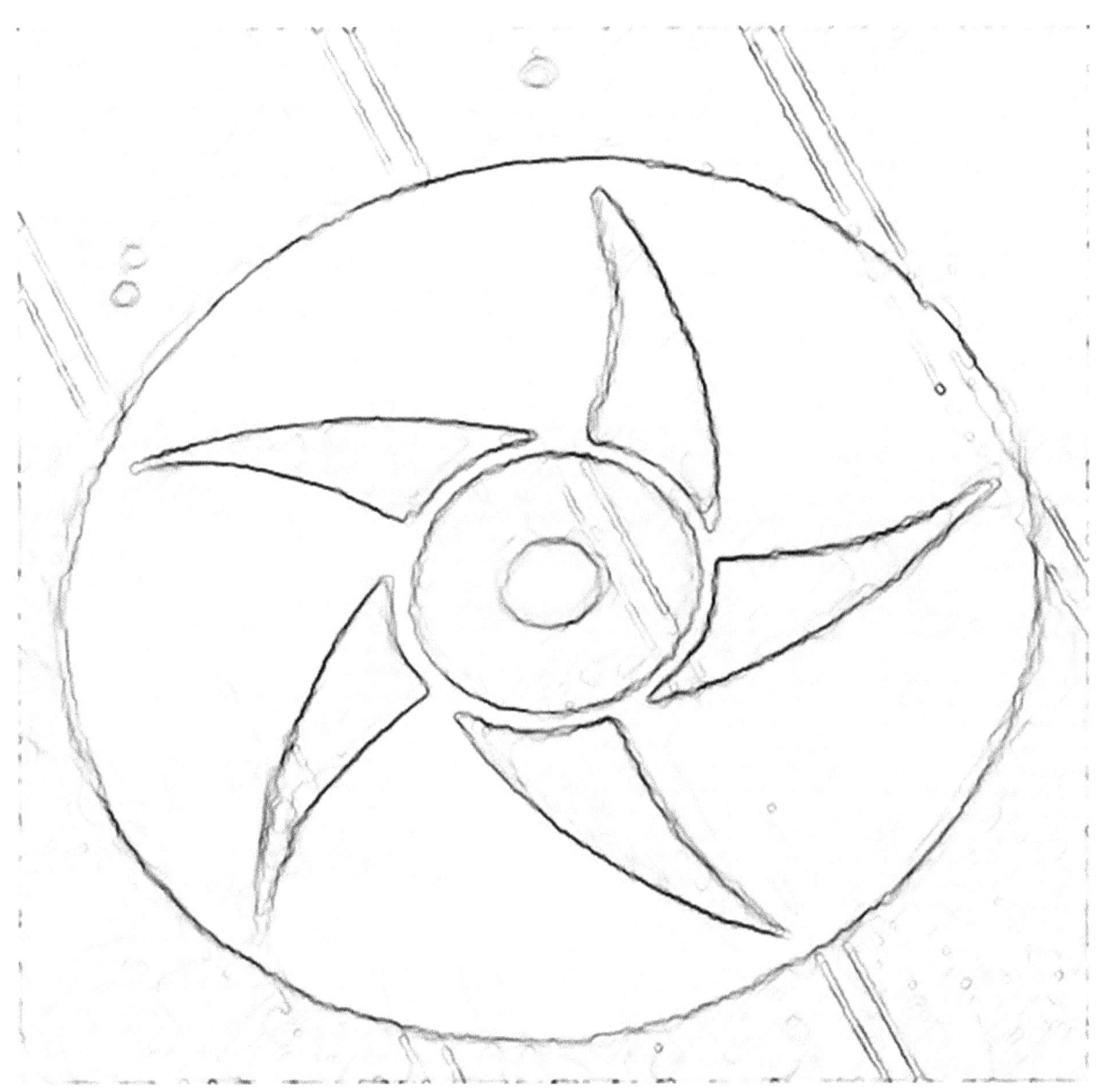

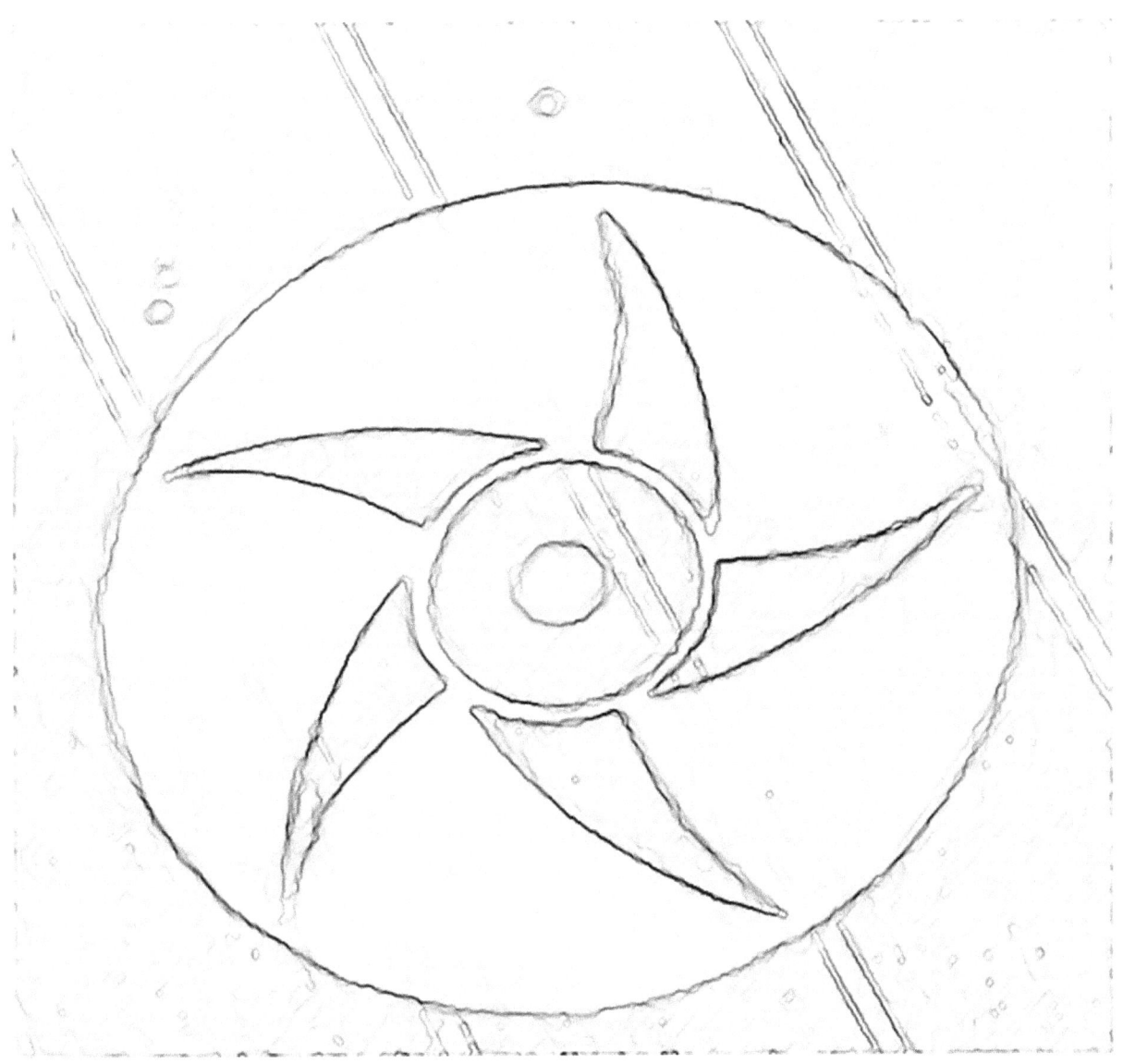

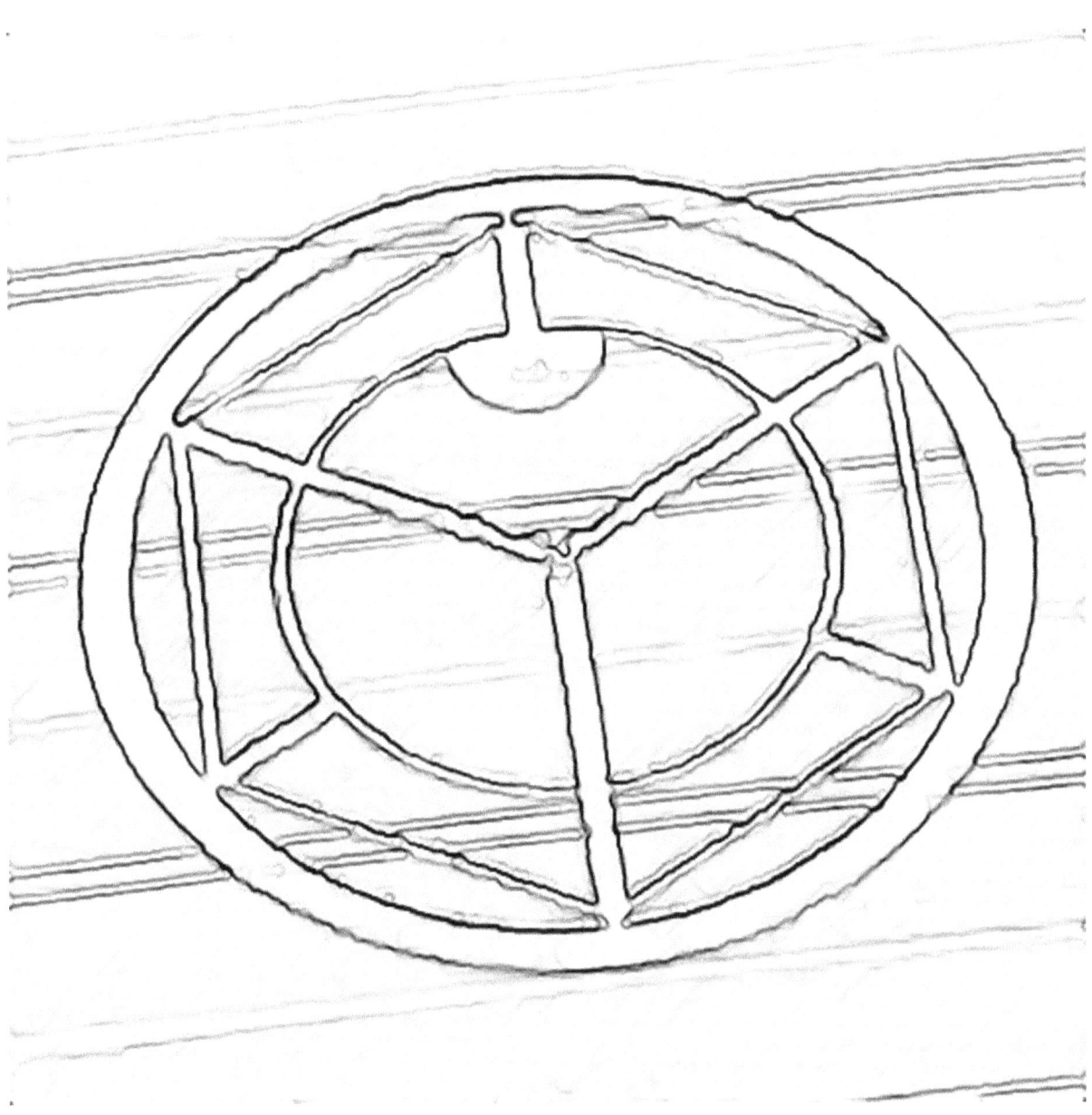

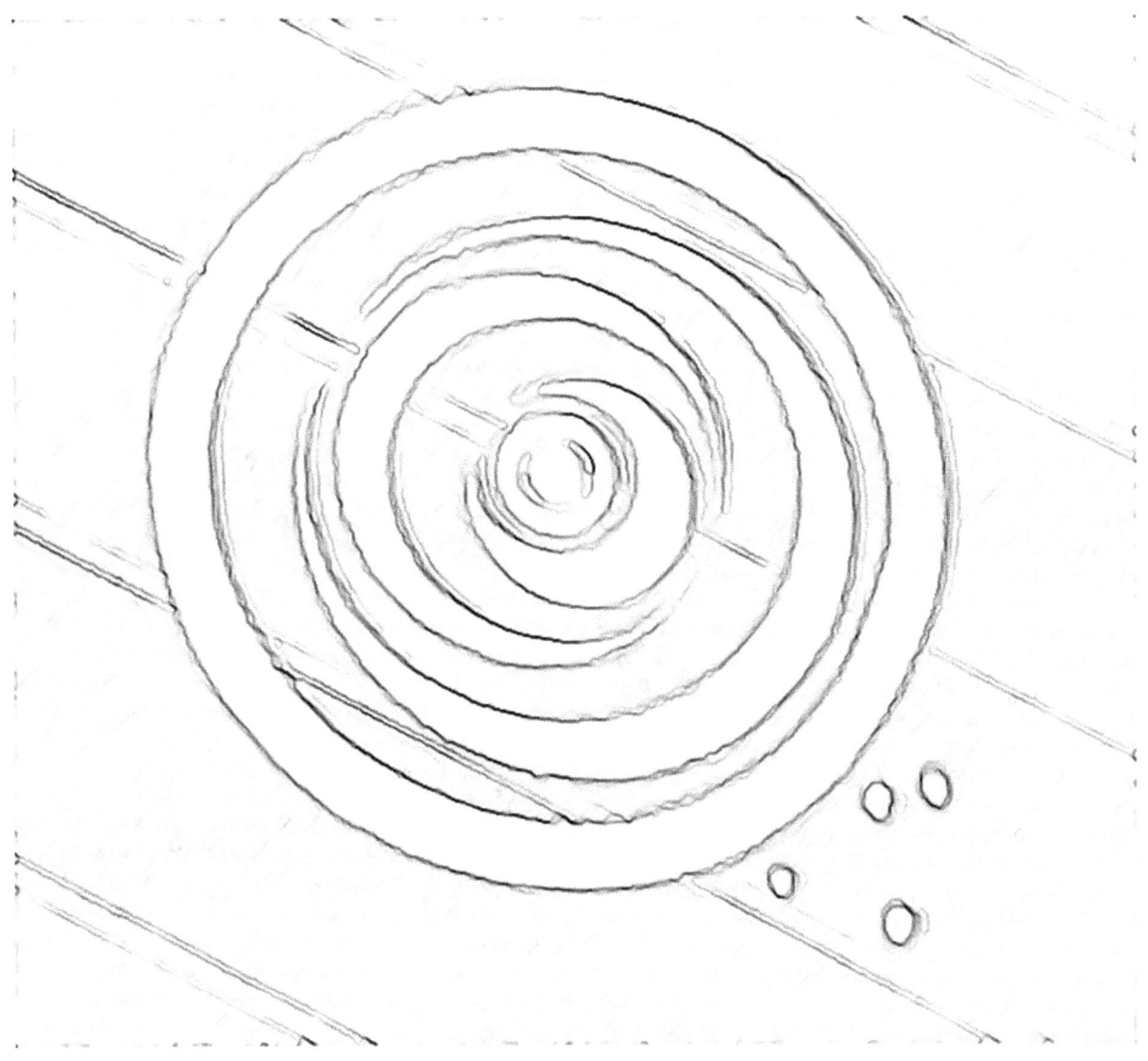

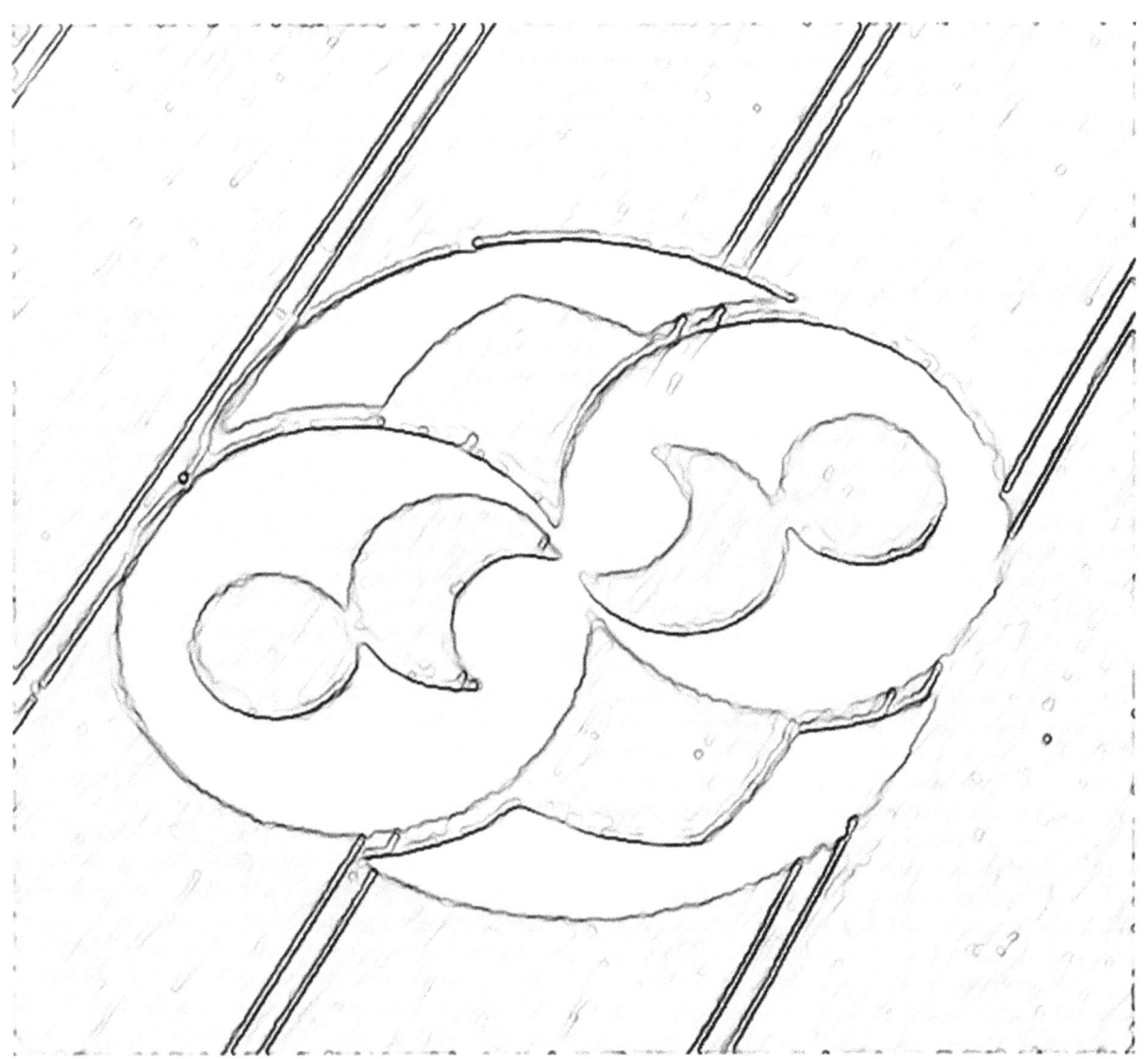

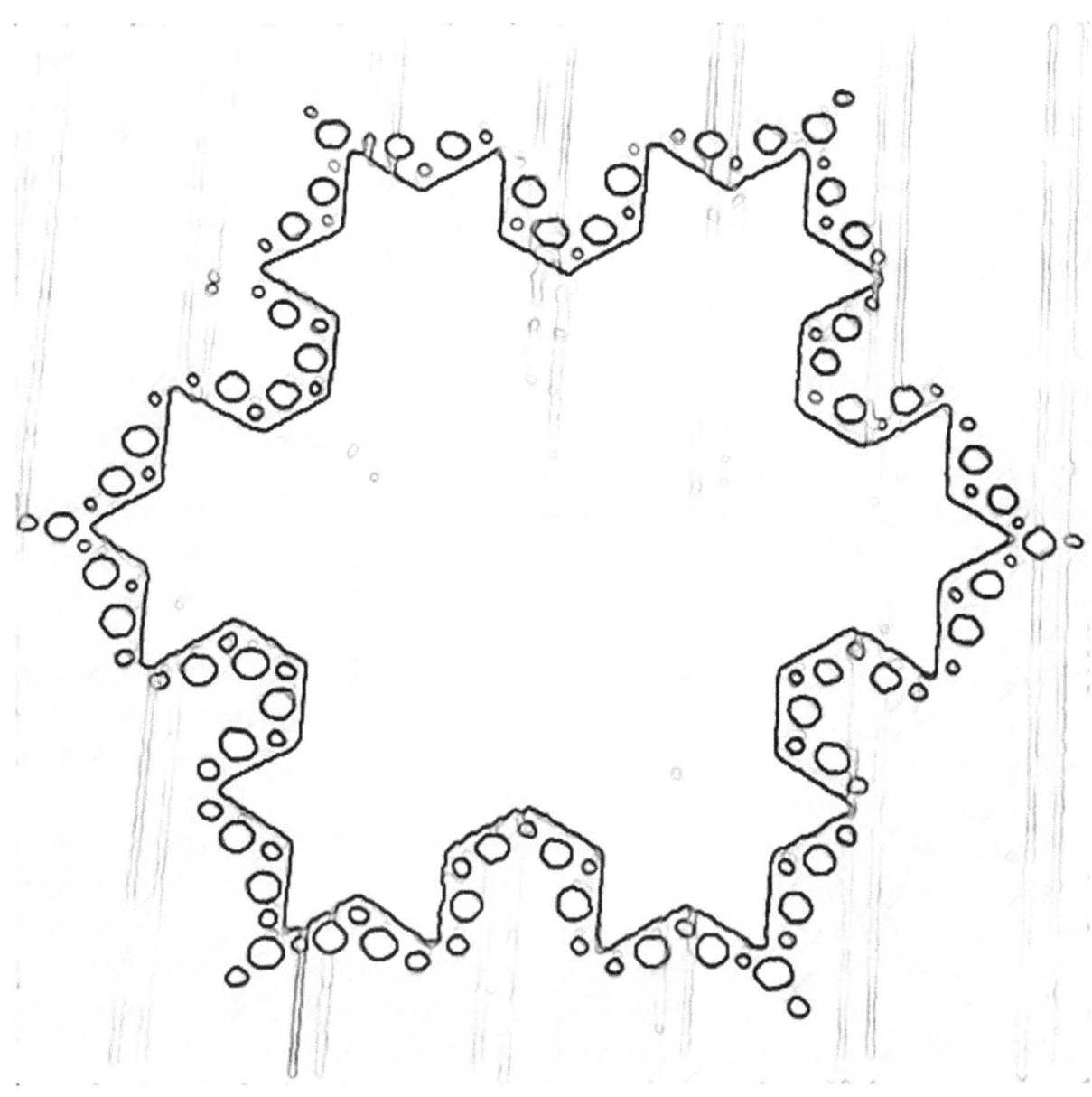

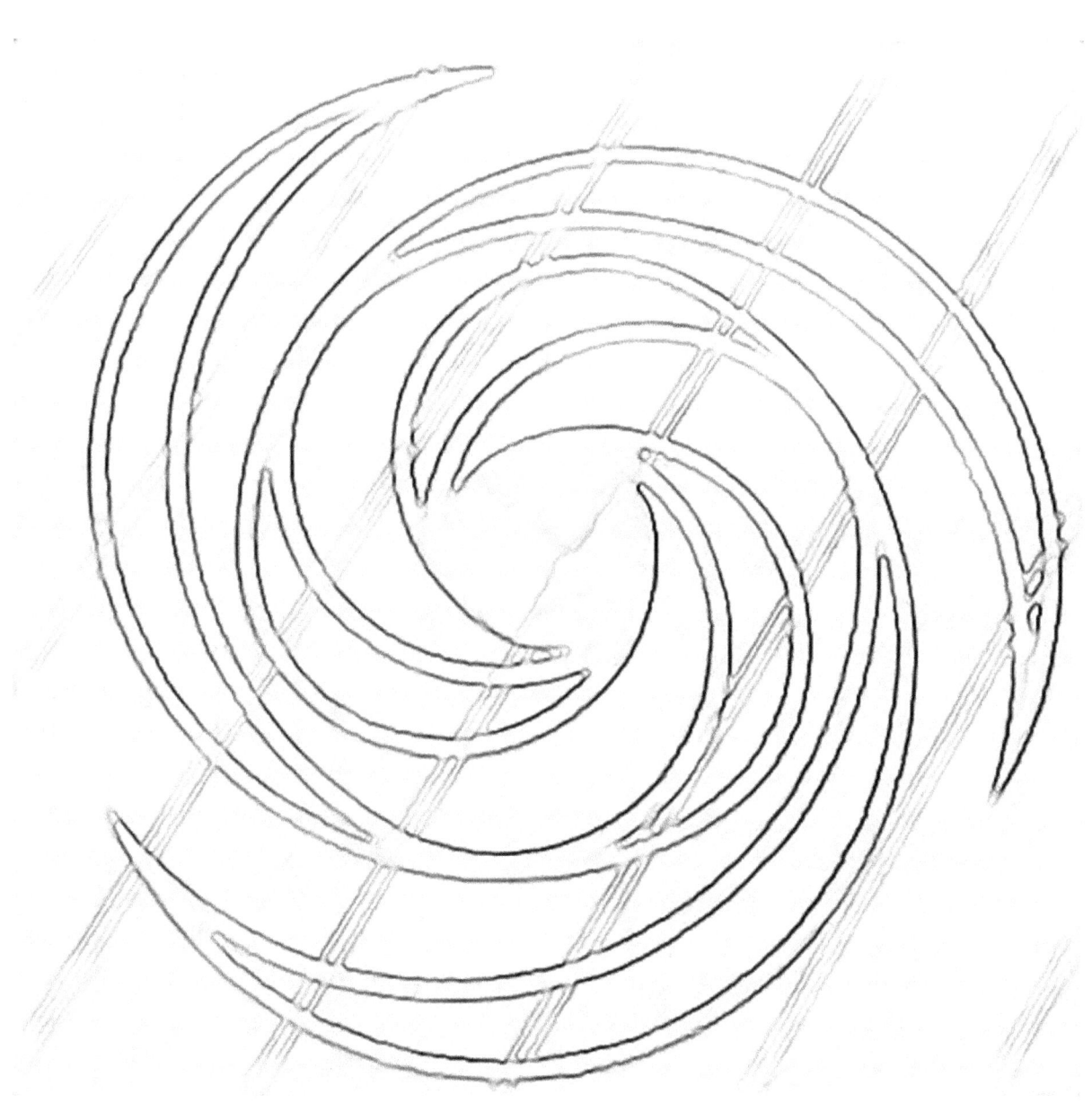

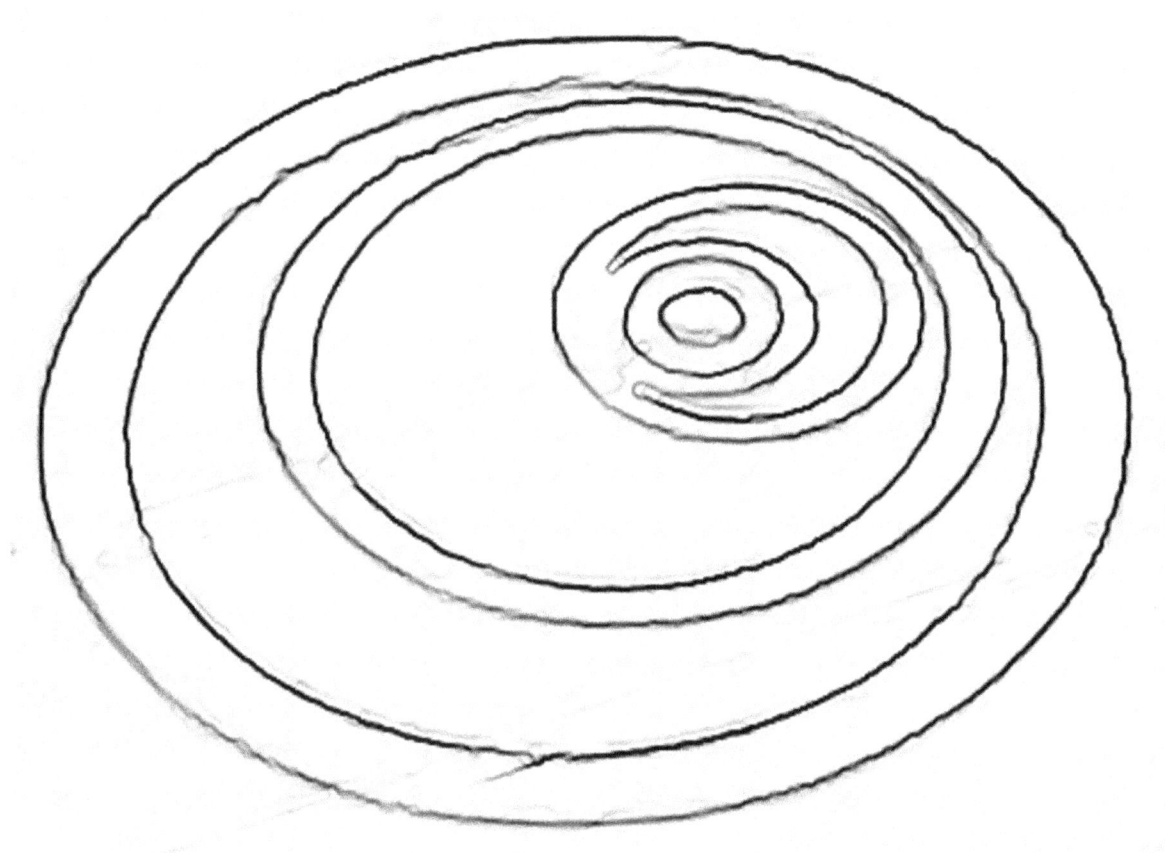

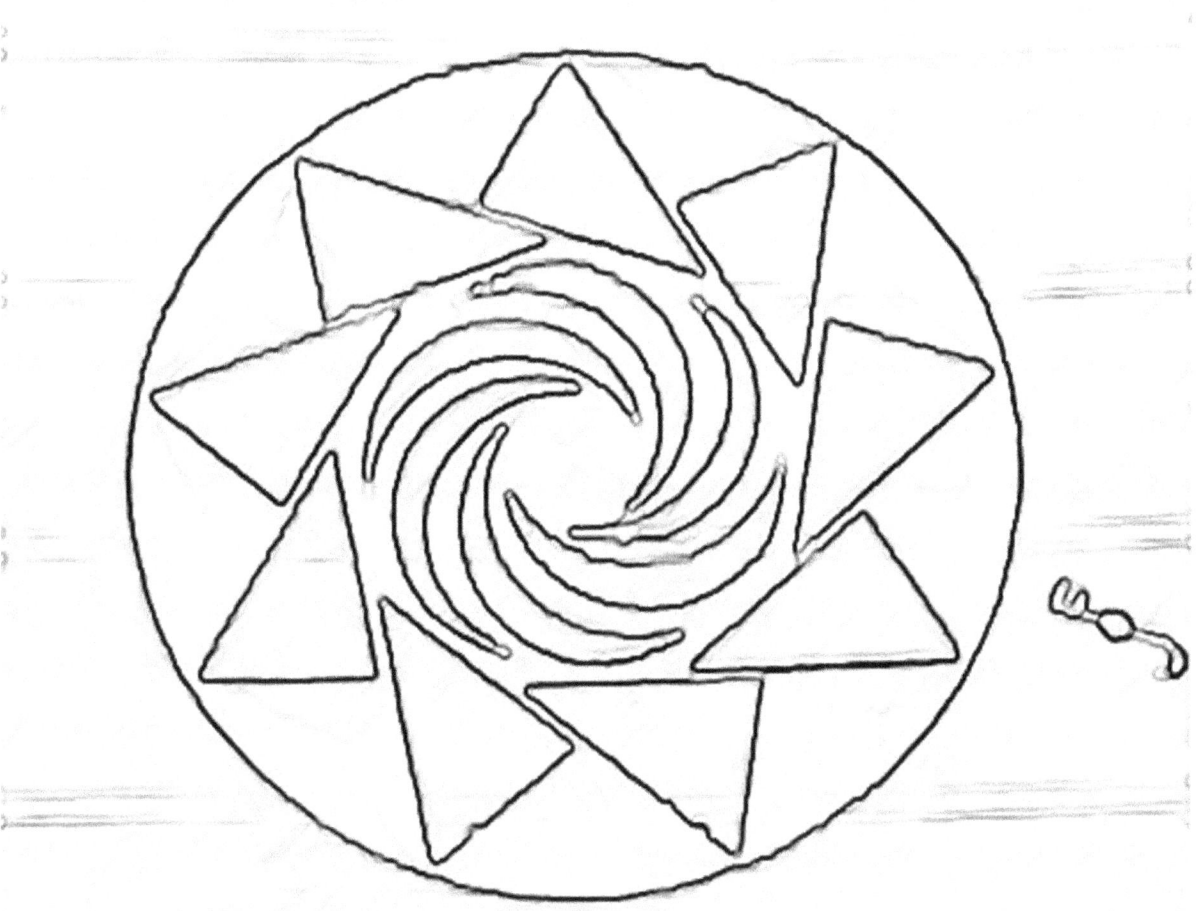

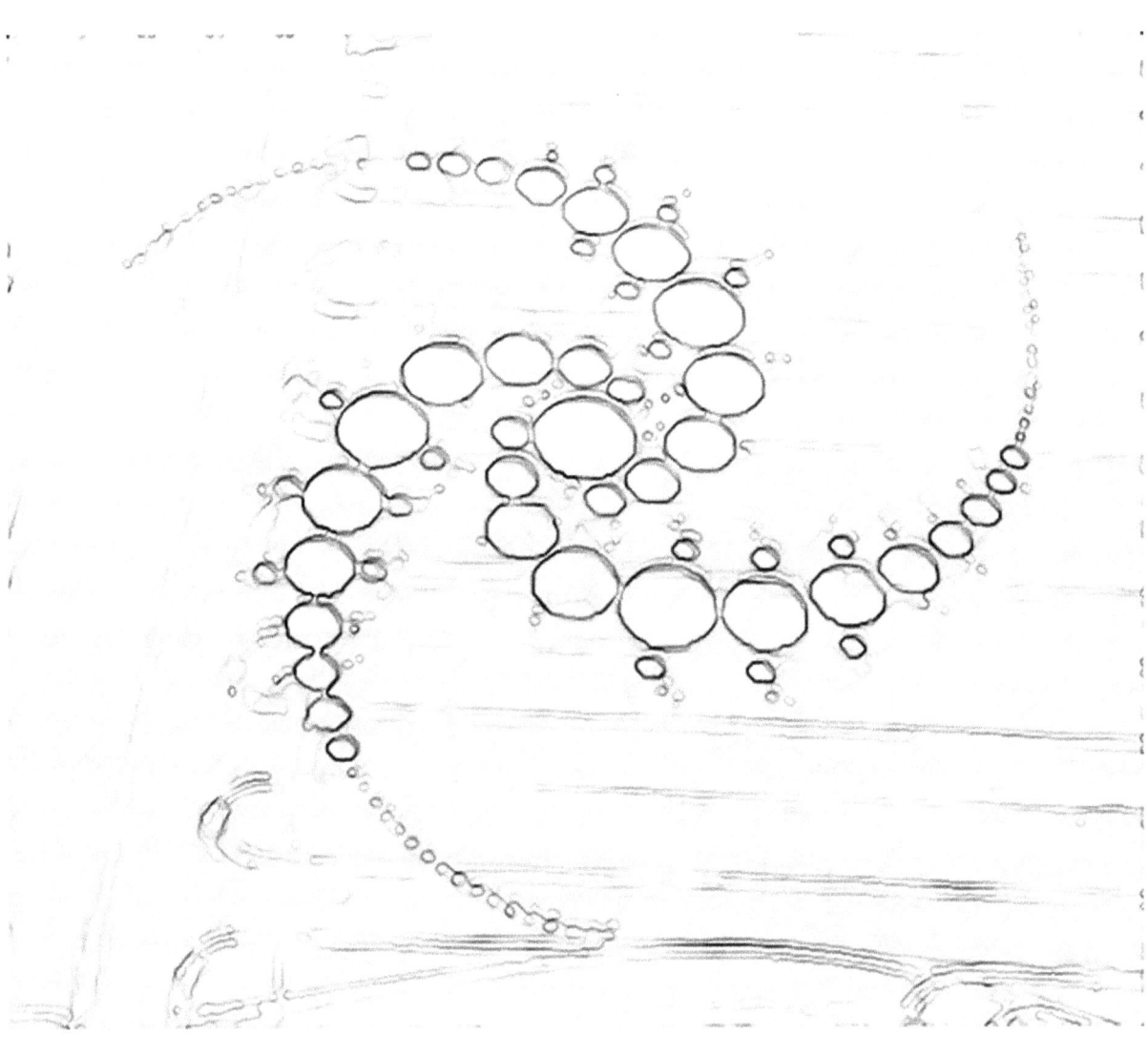

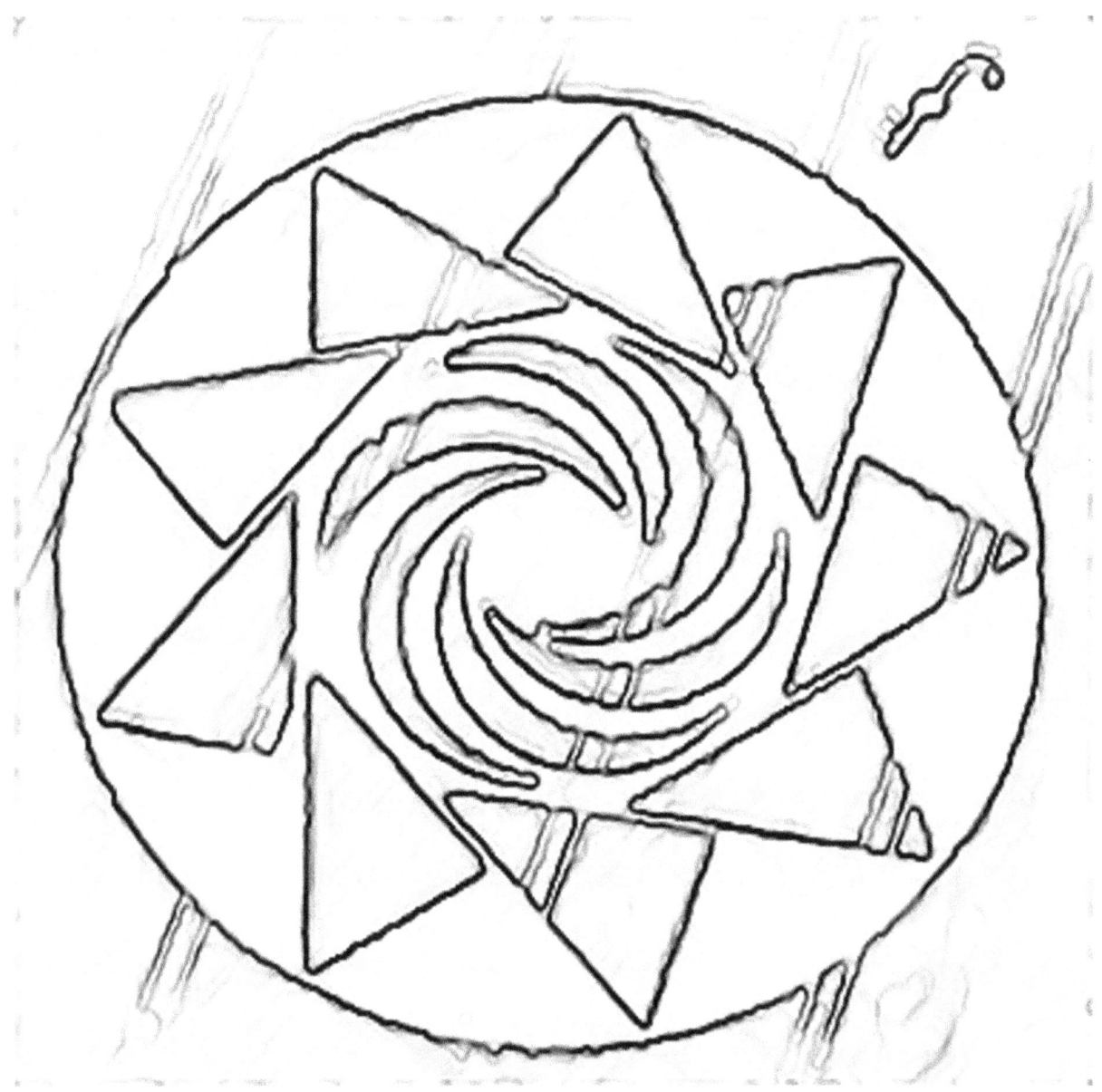

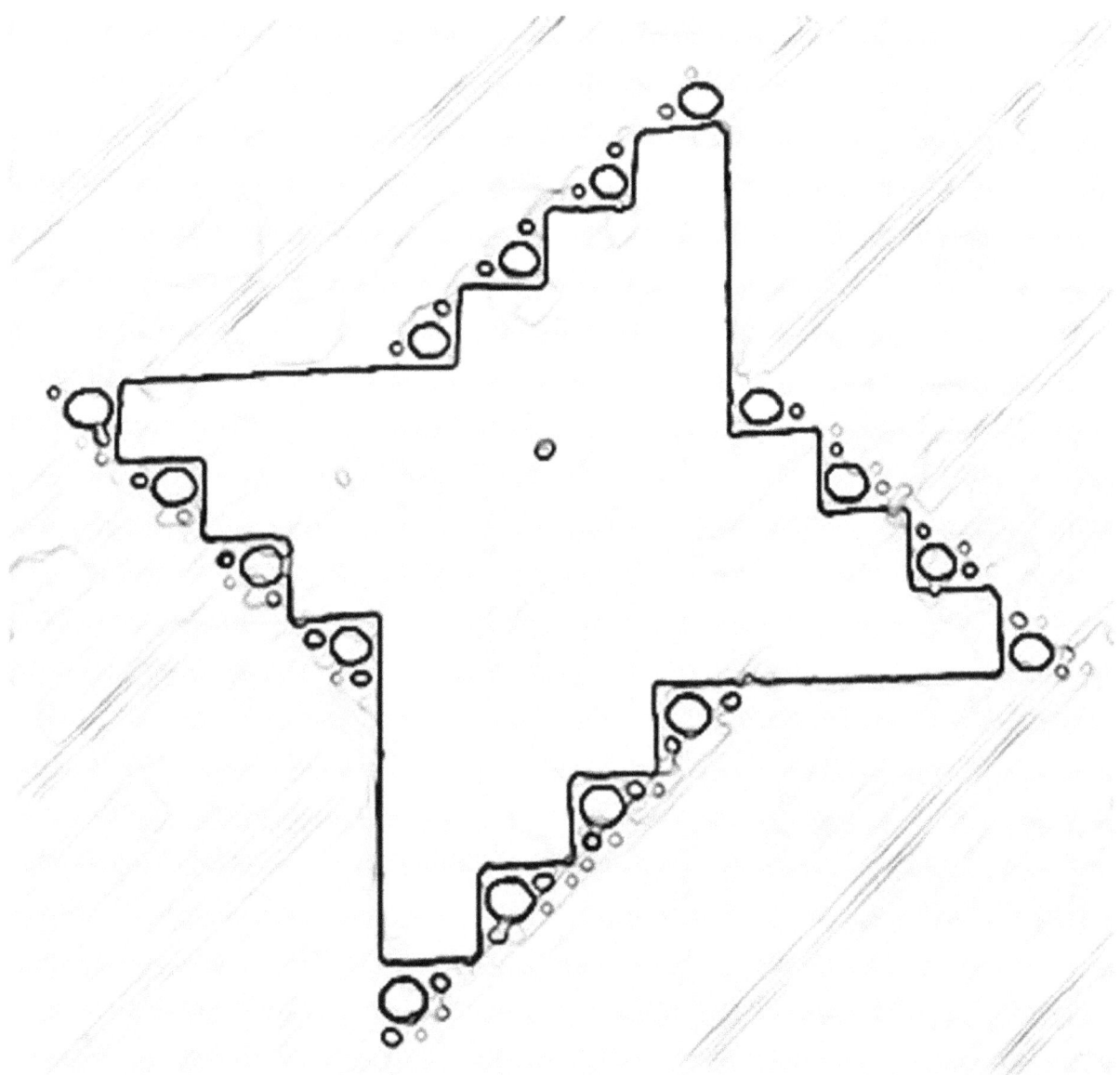

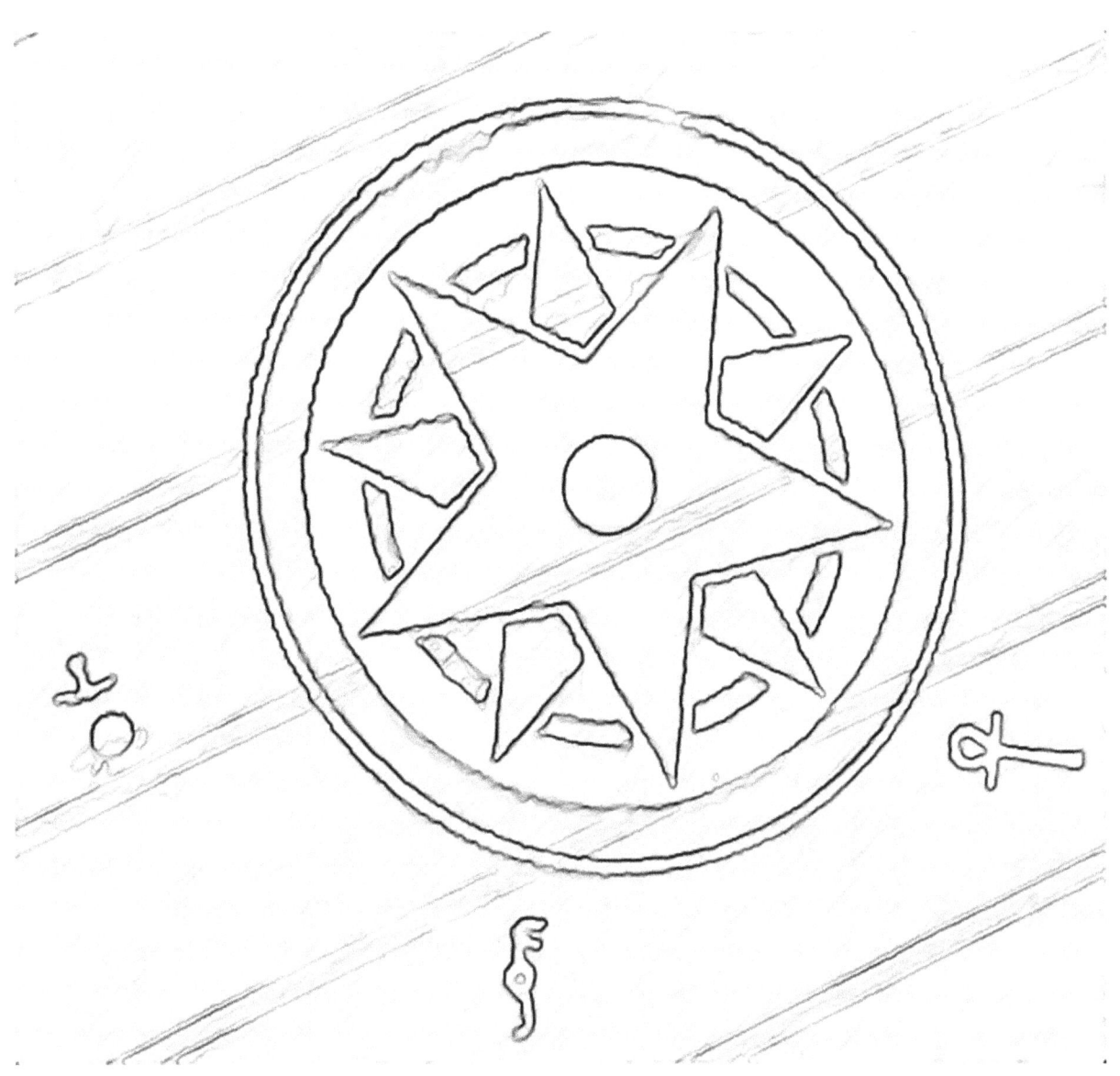

BONUS
DRAWINGS

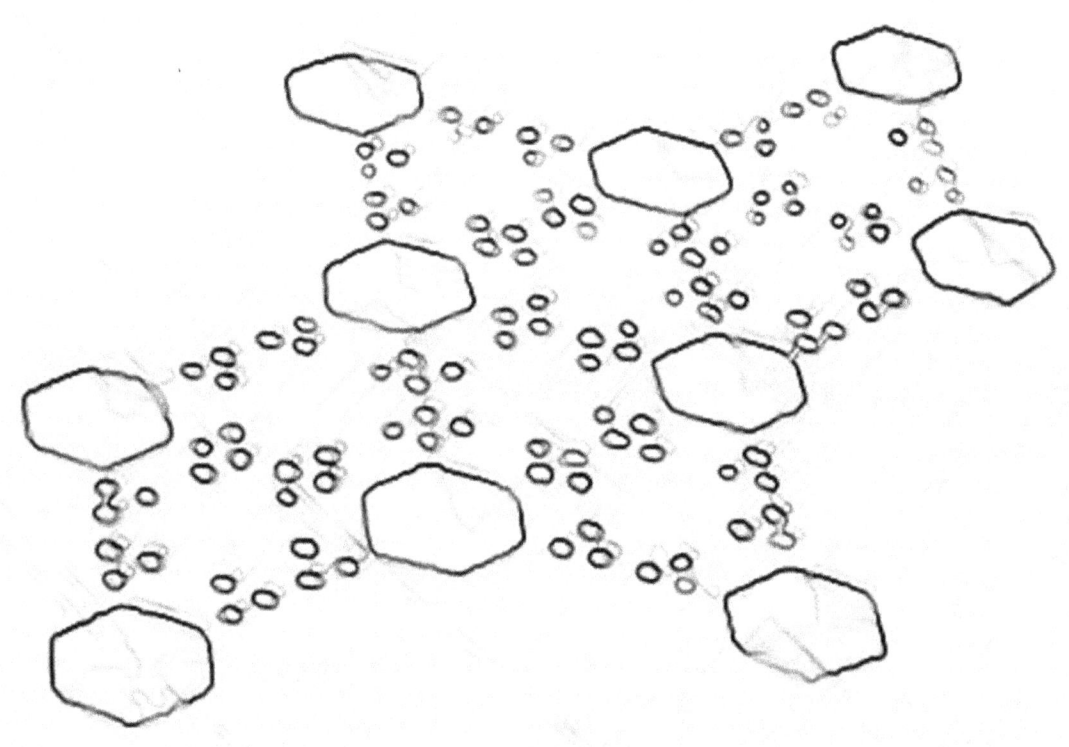

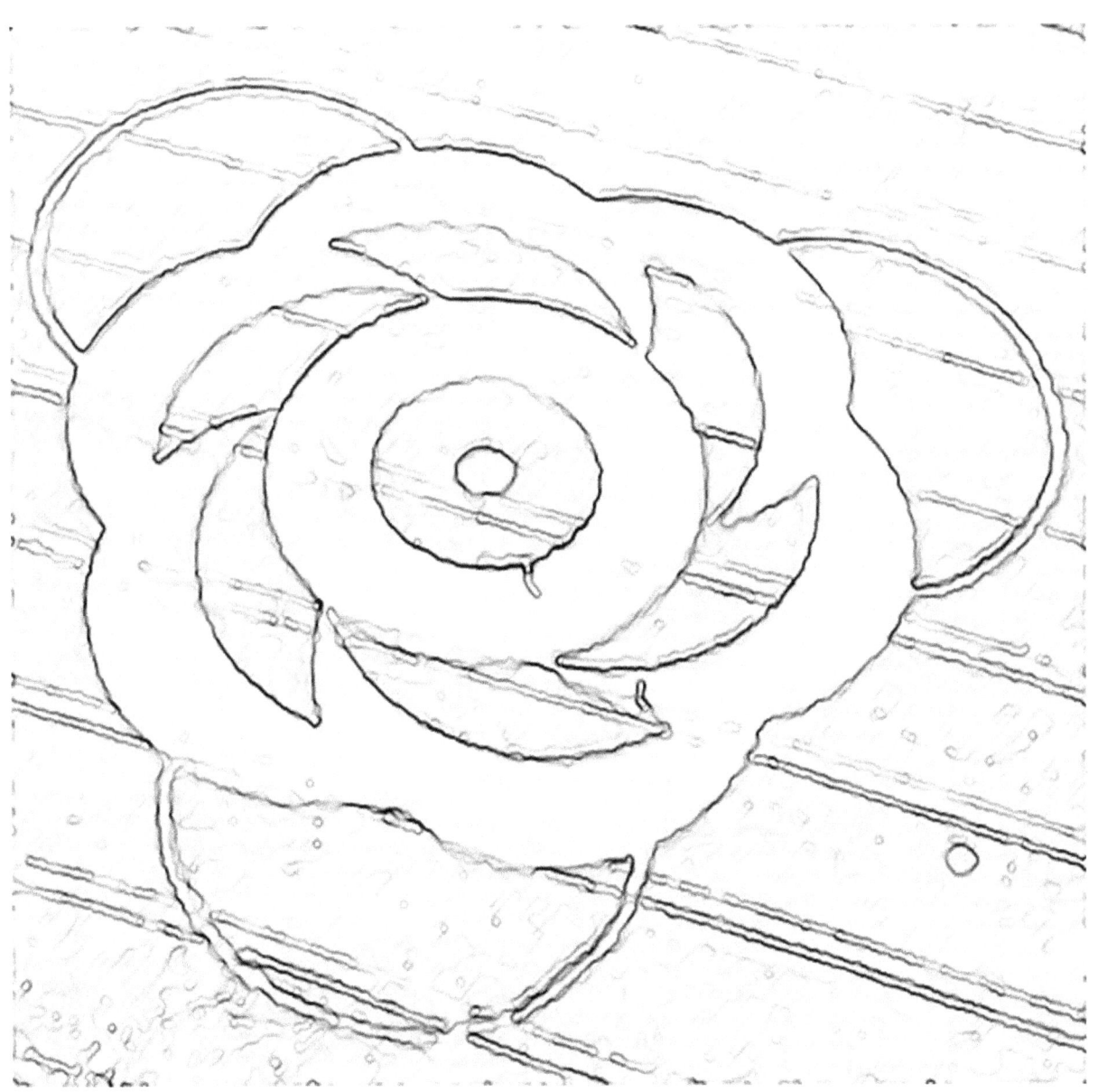

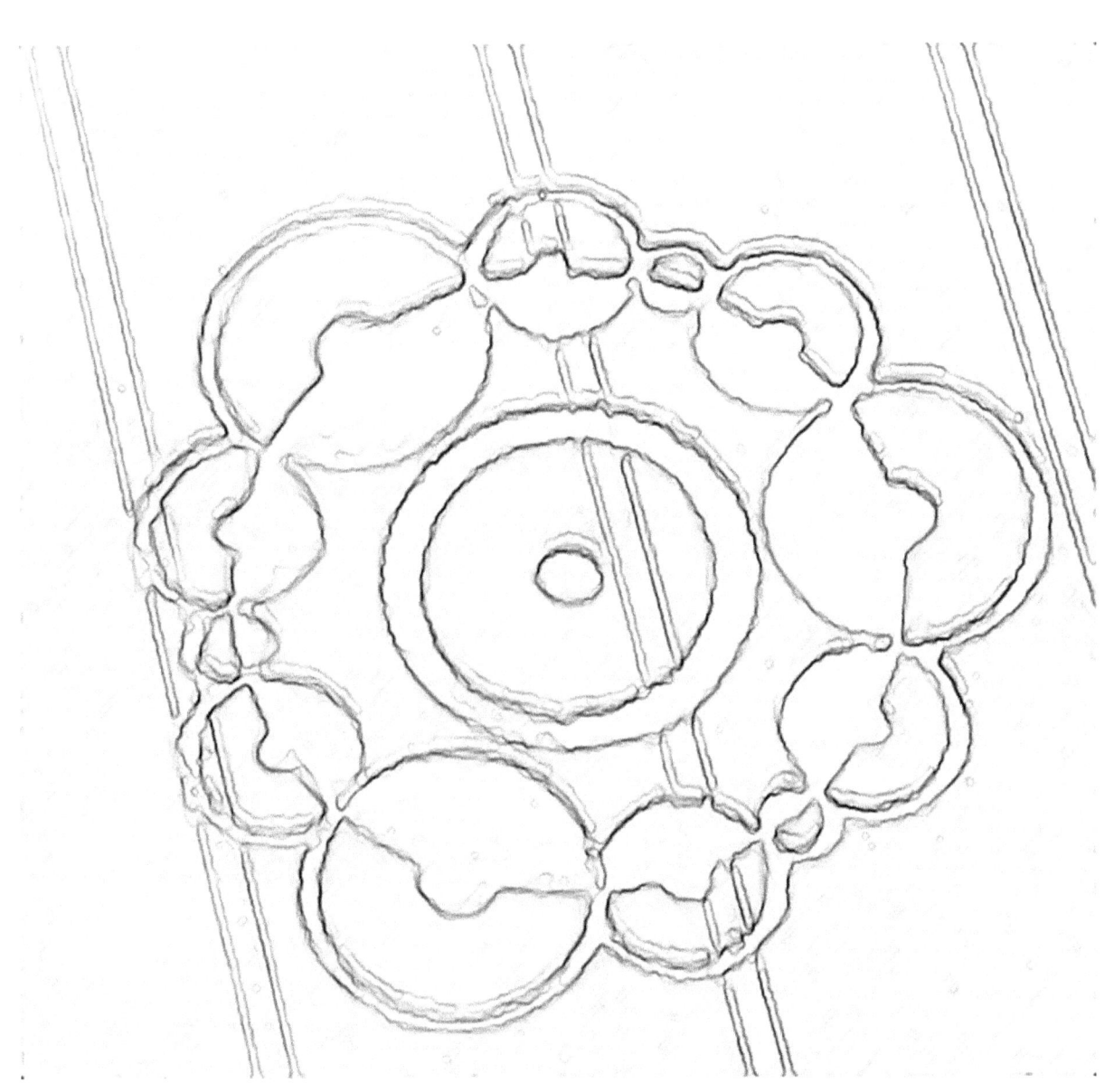

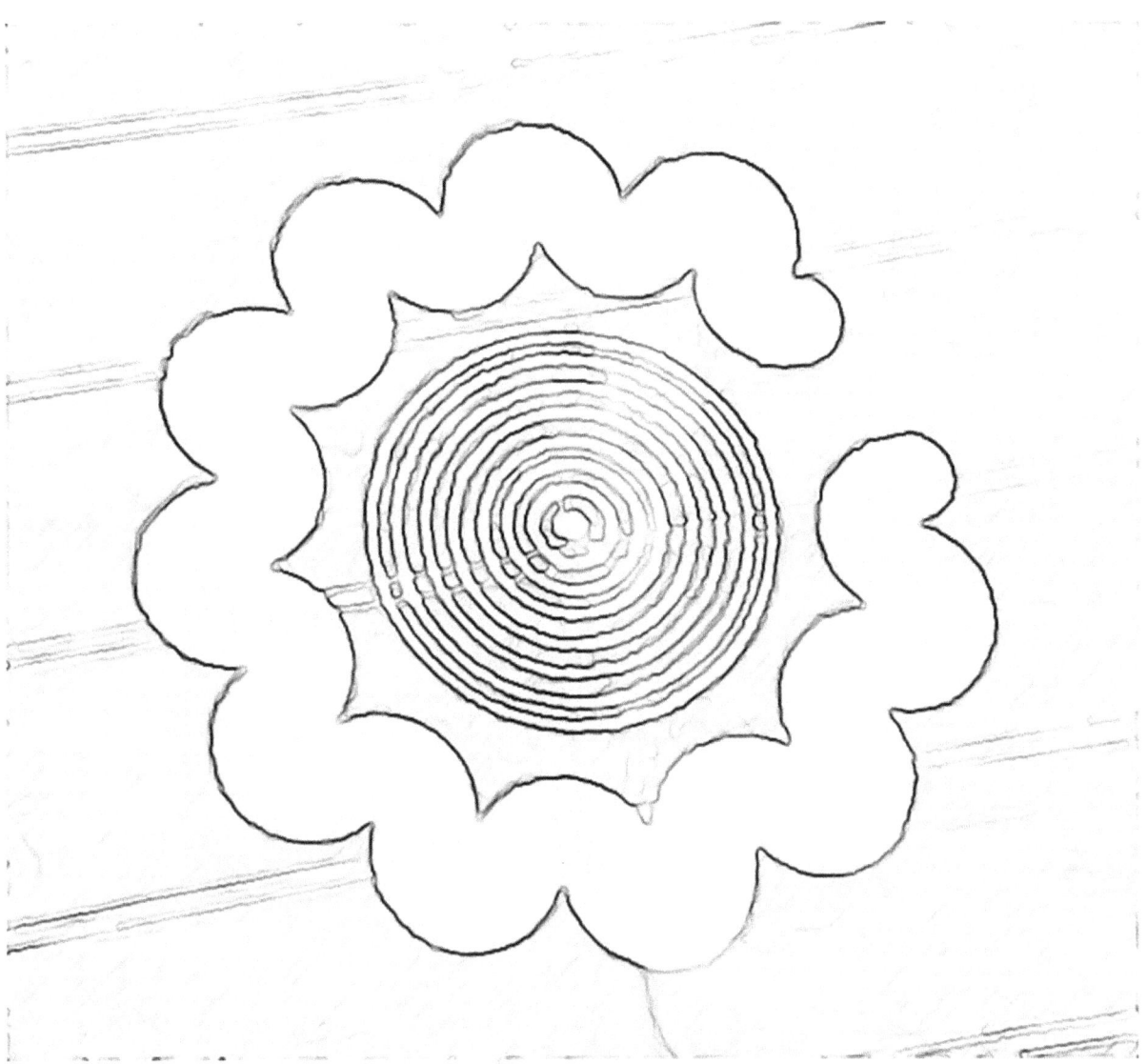

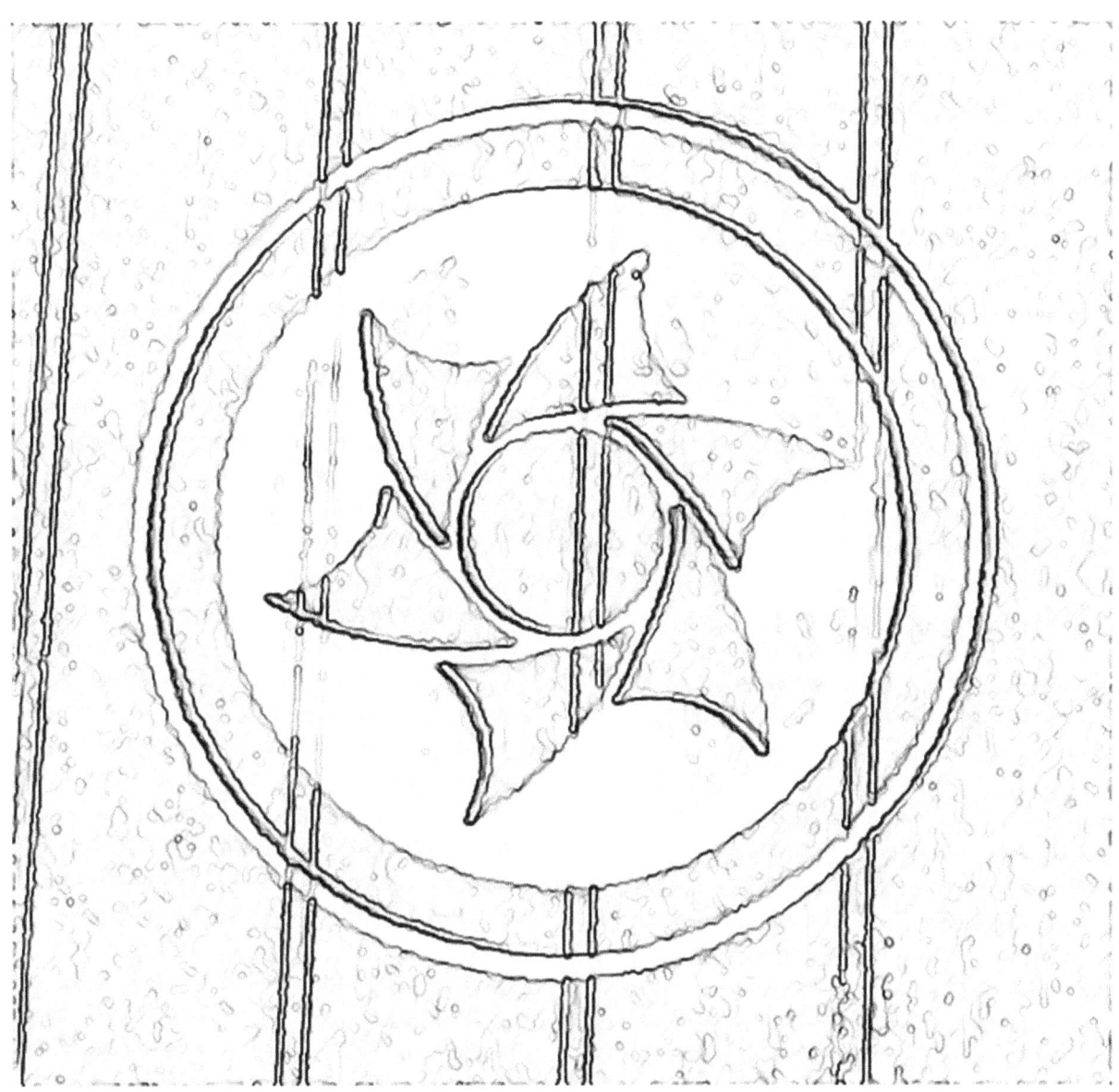

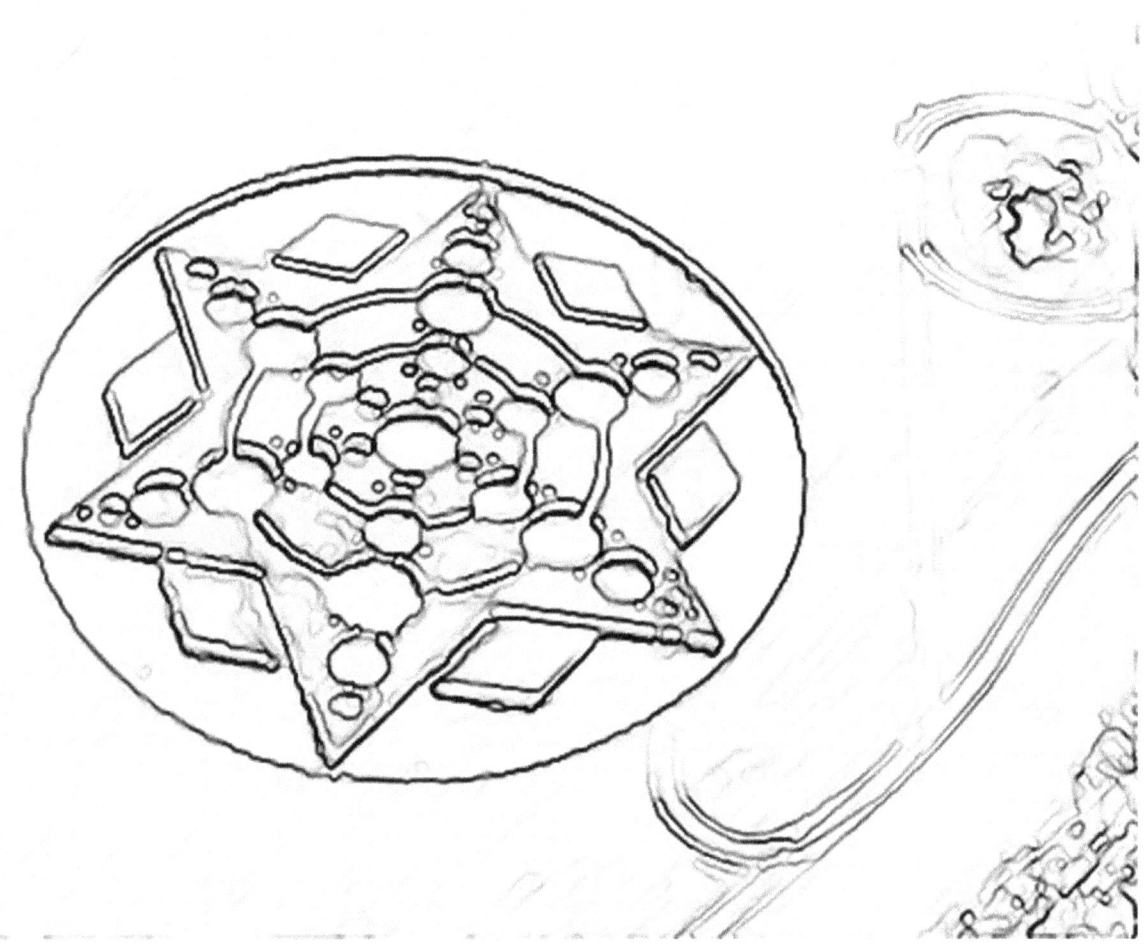

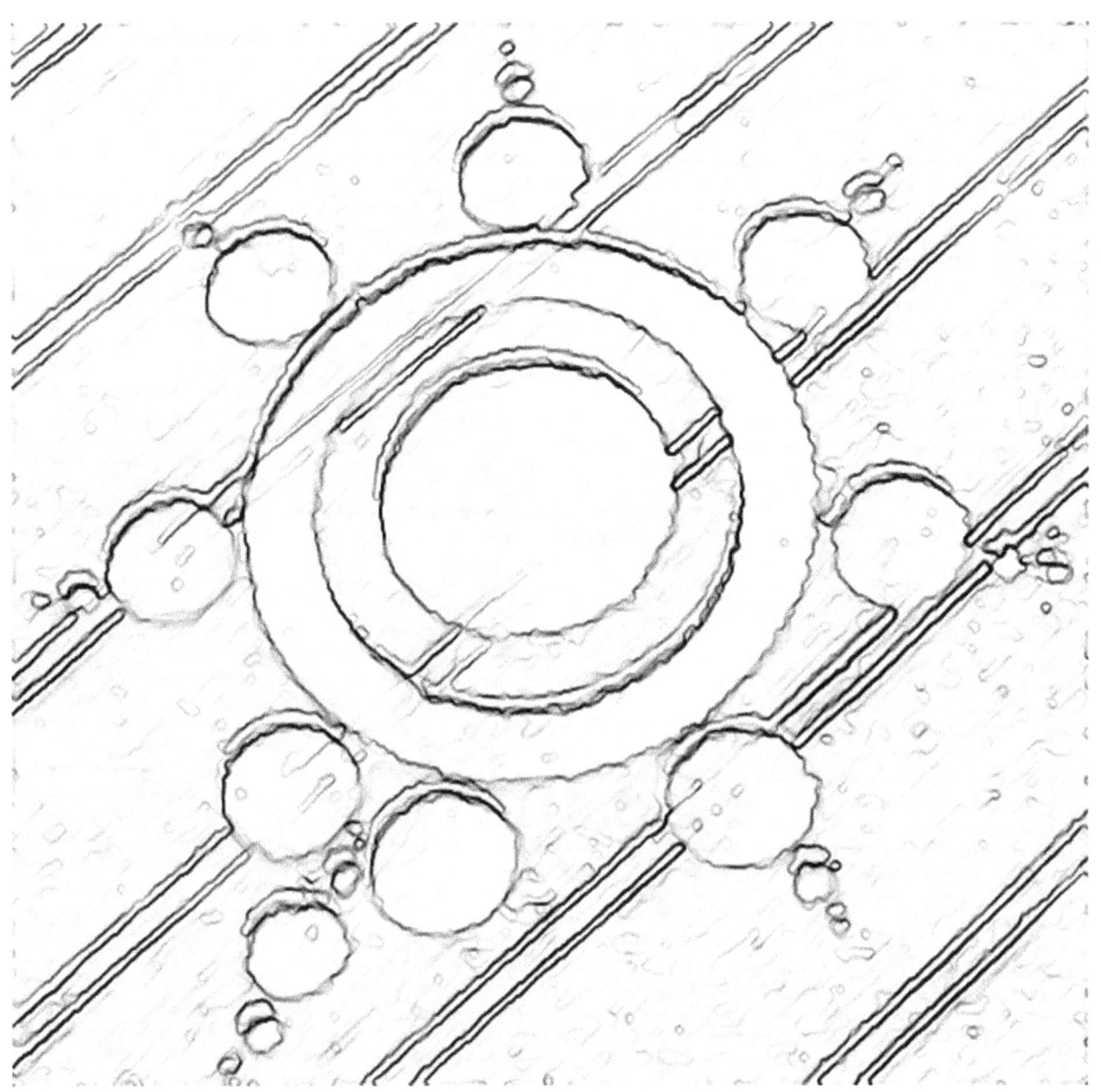

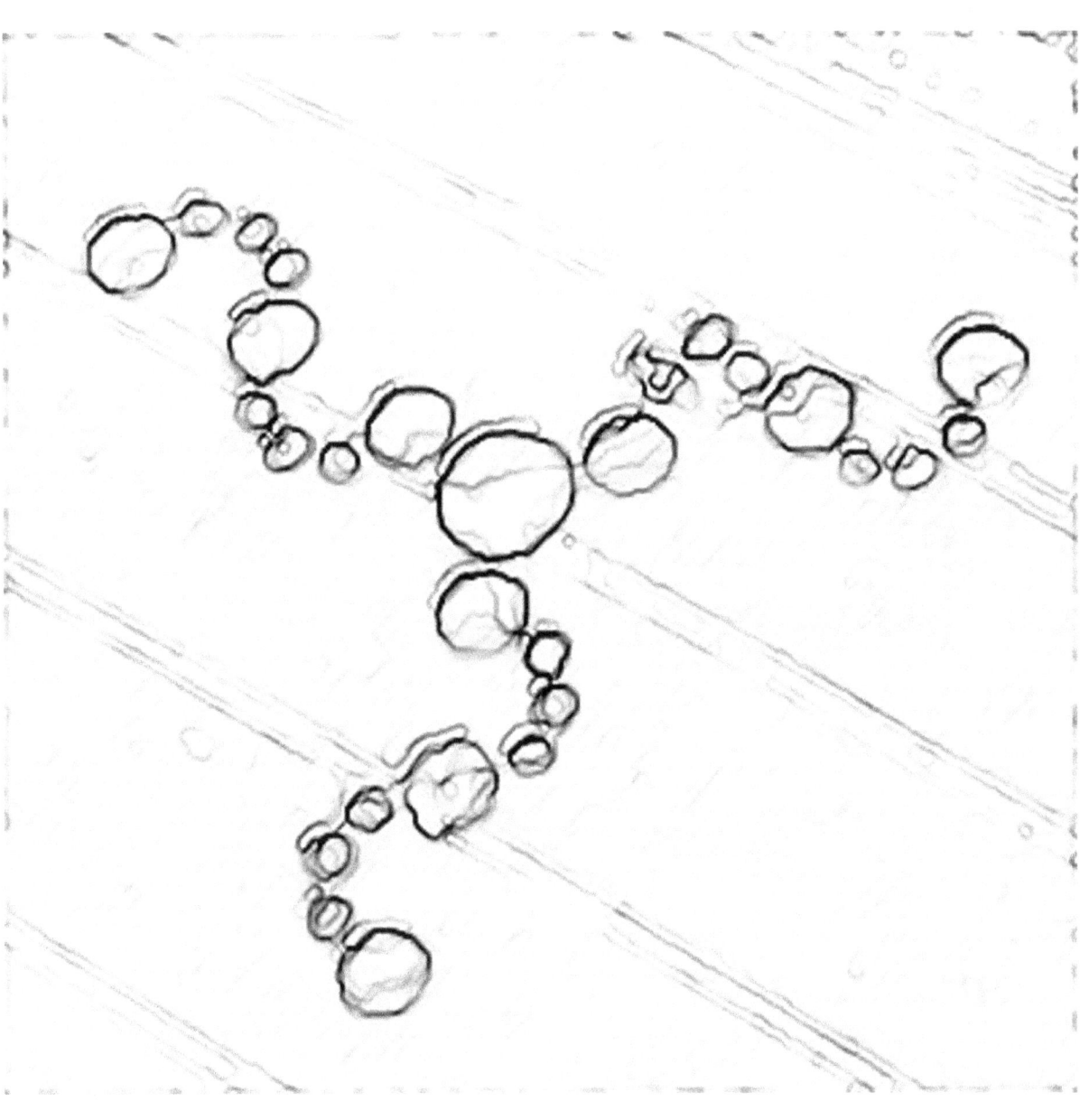

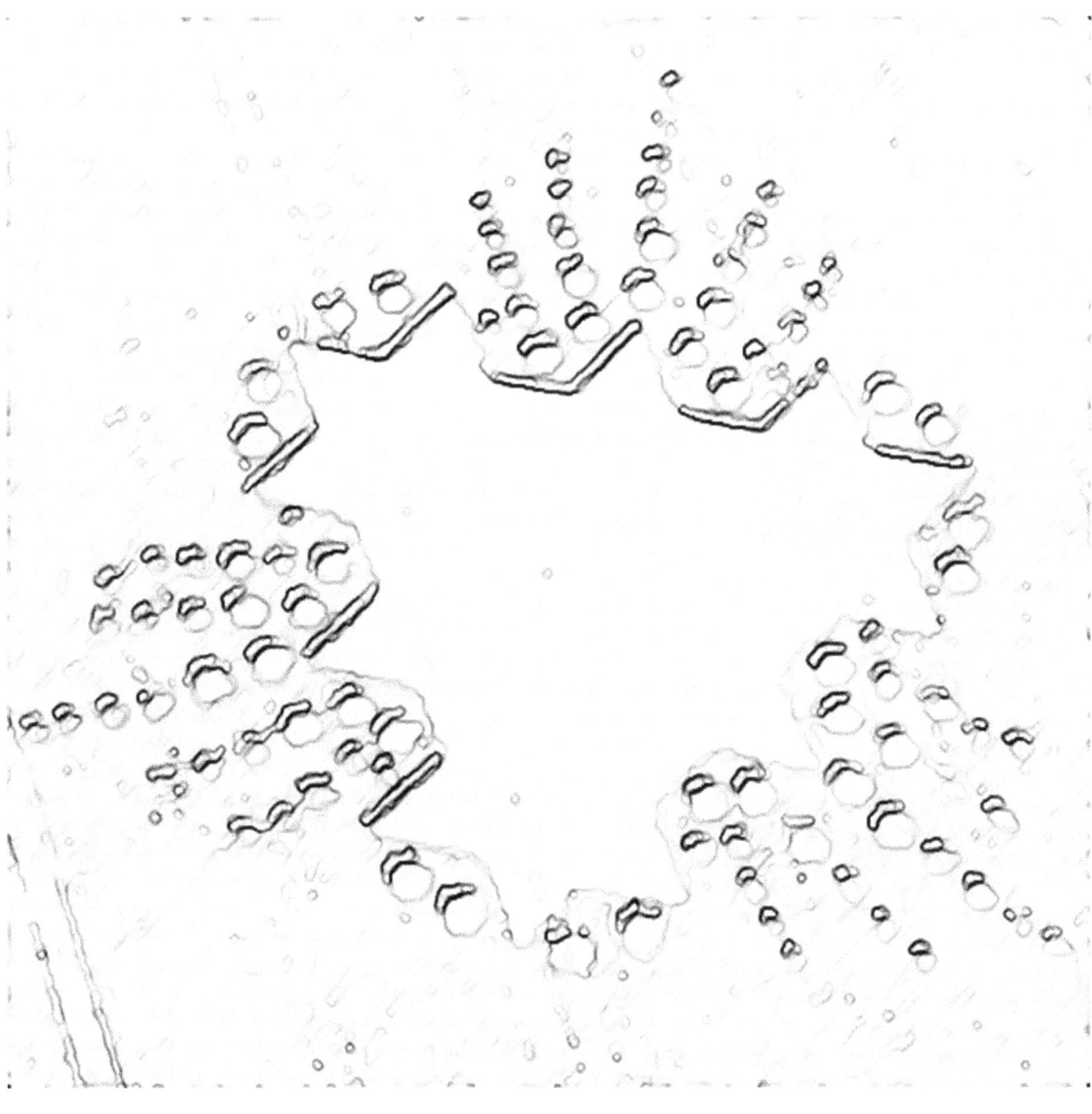

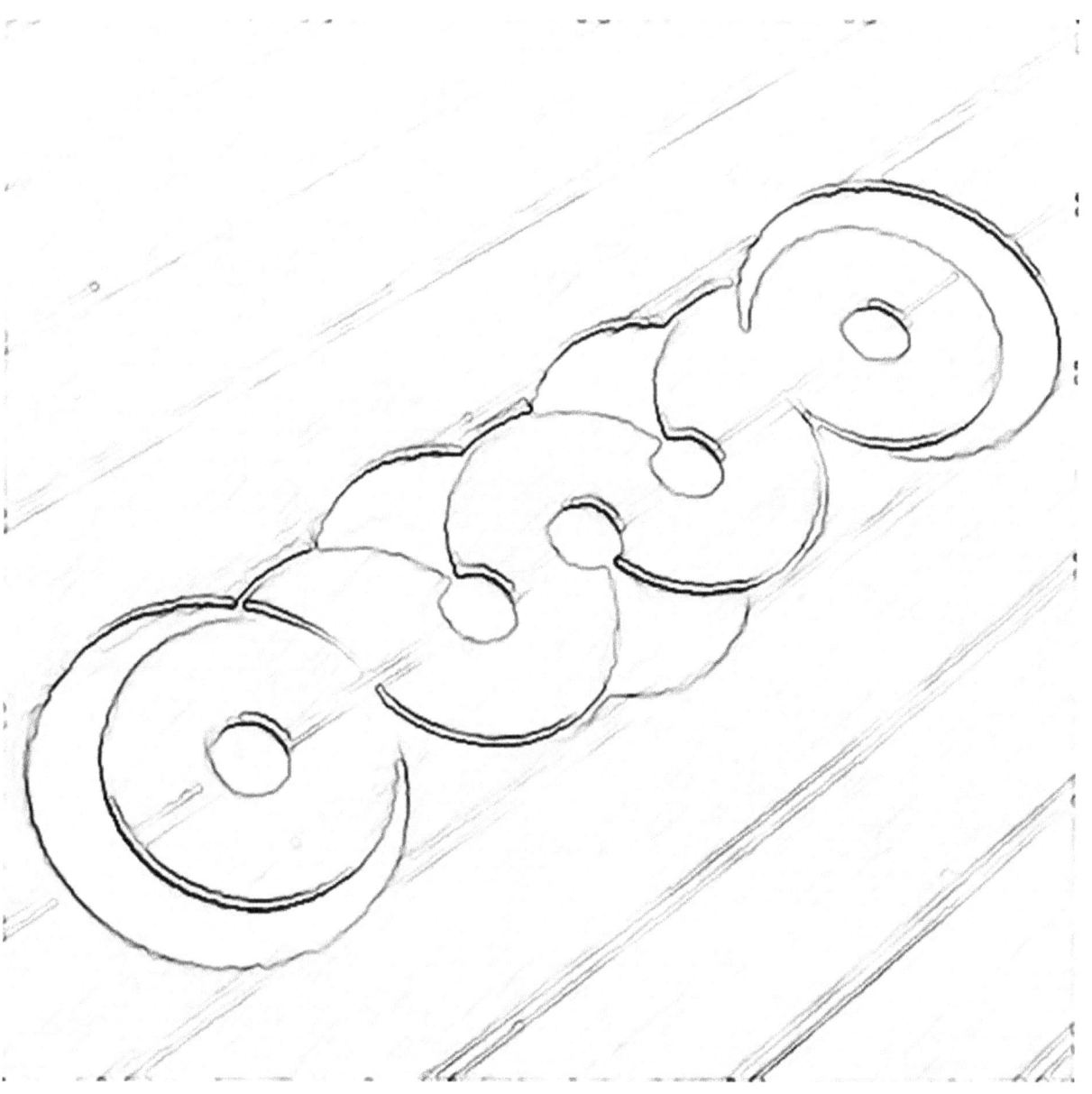

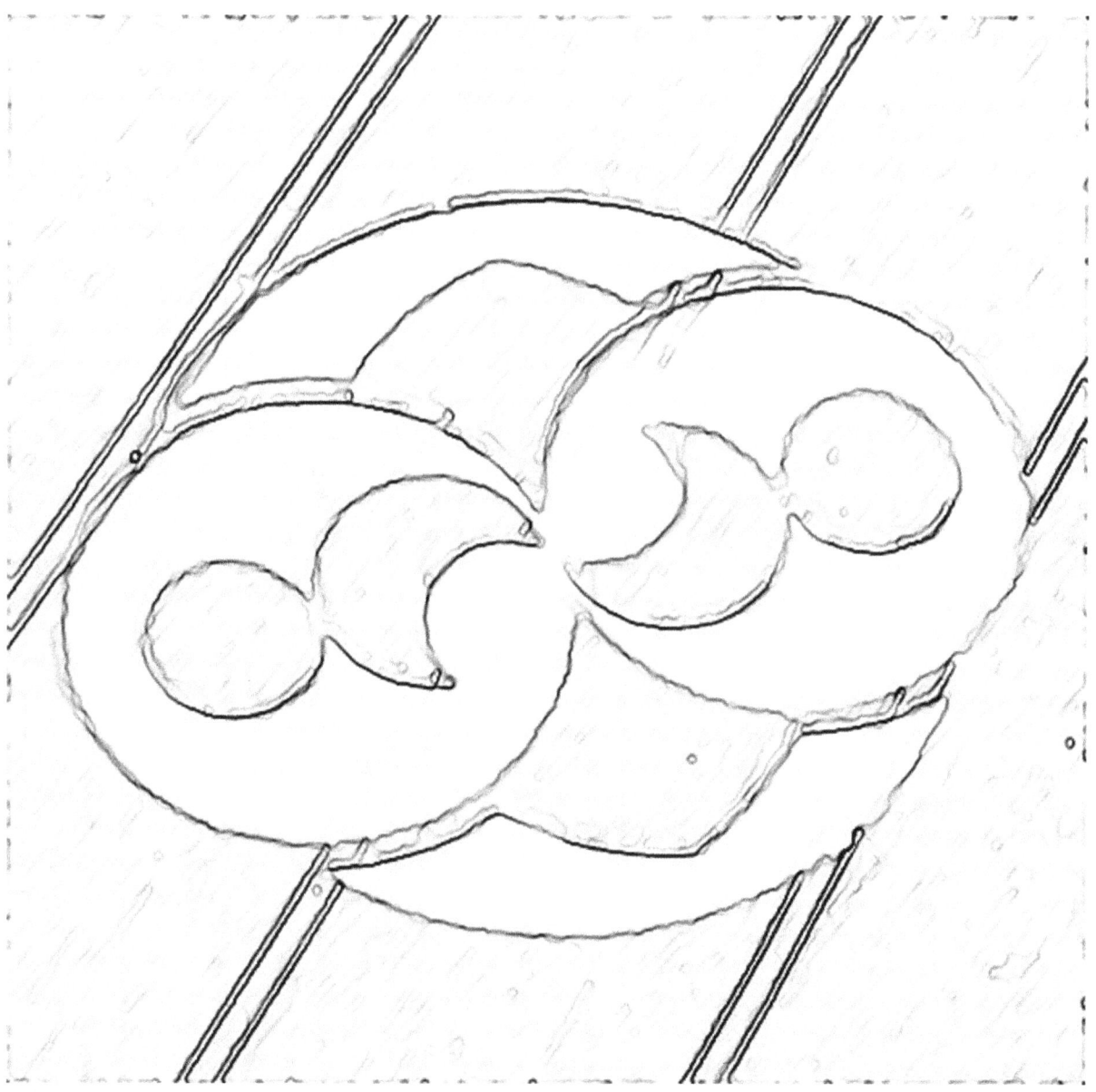

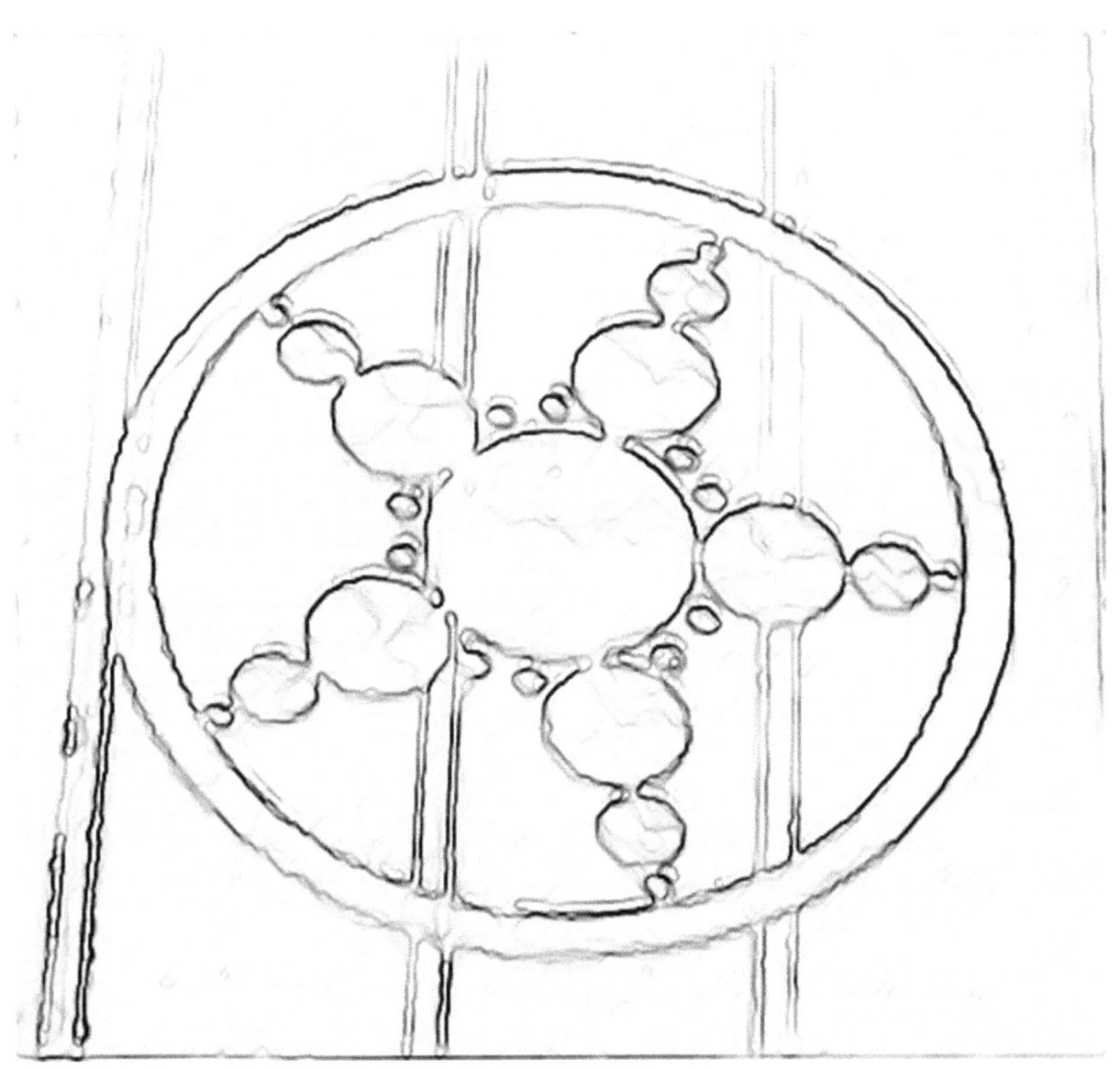

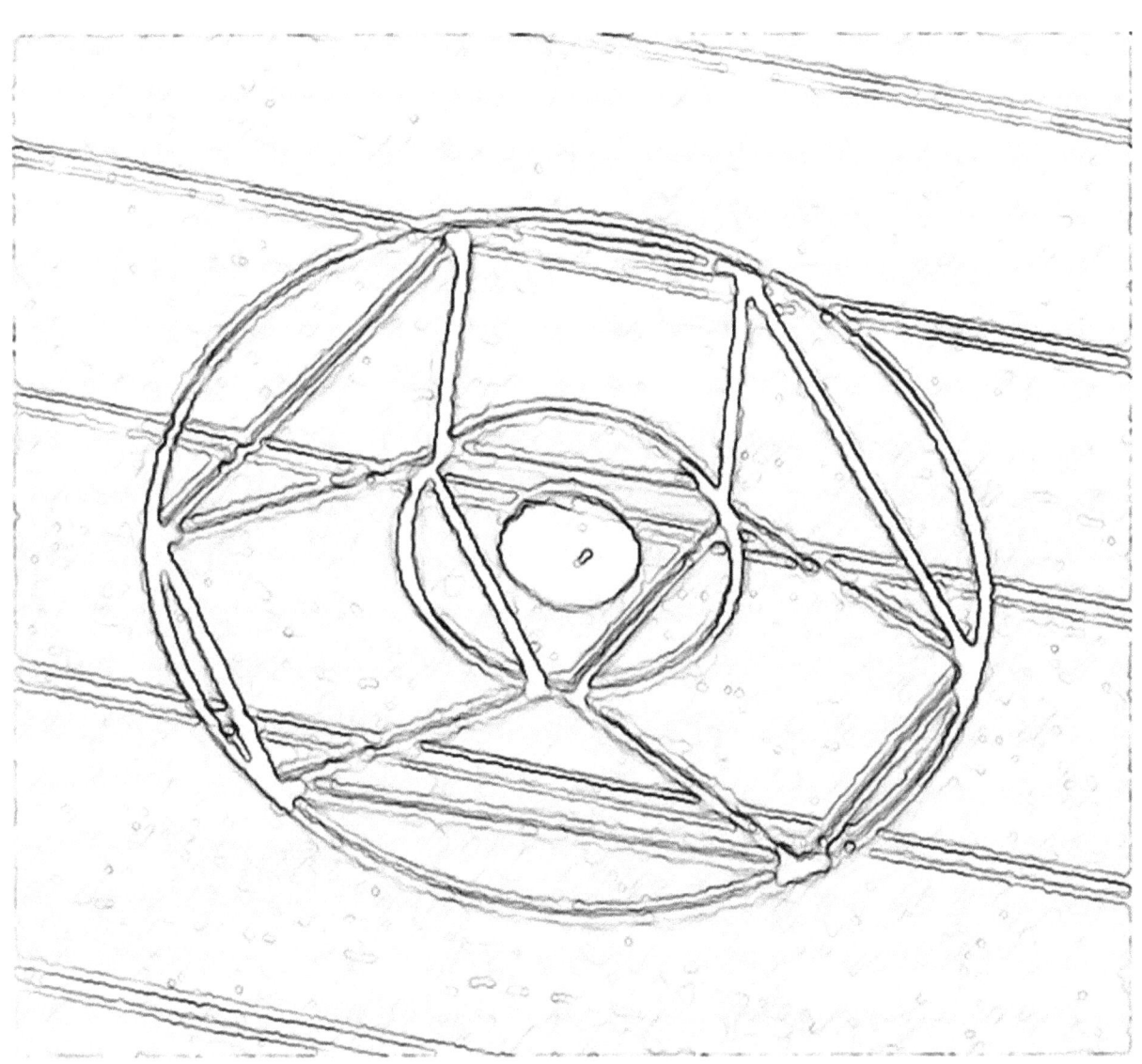

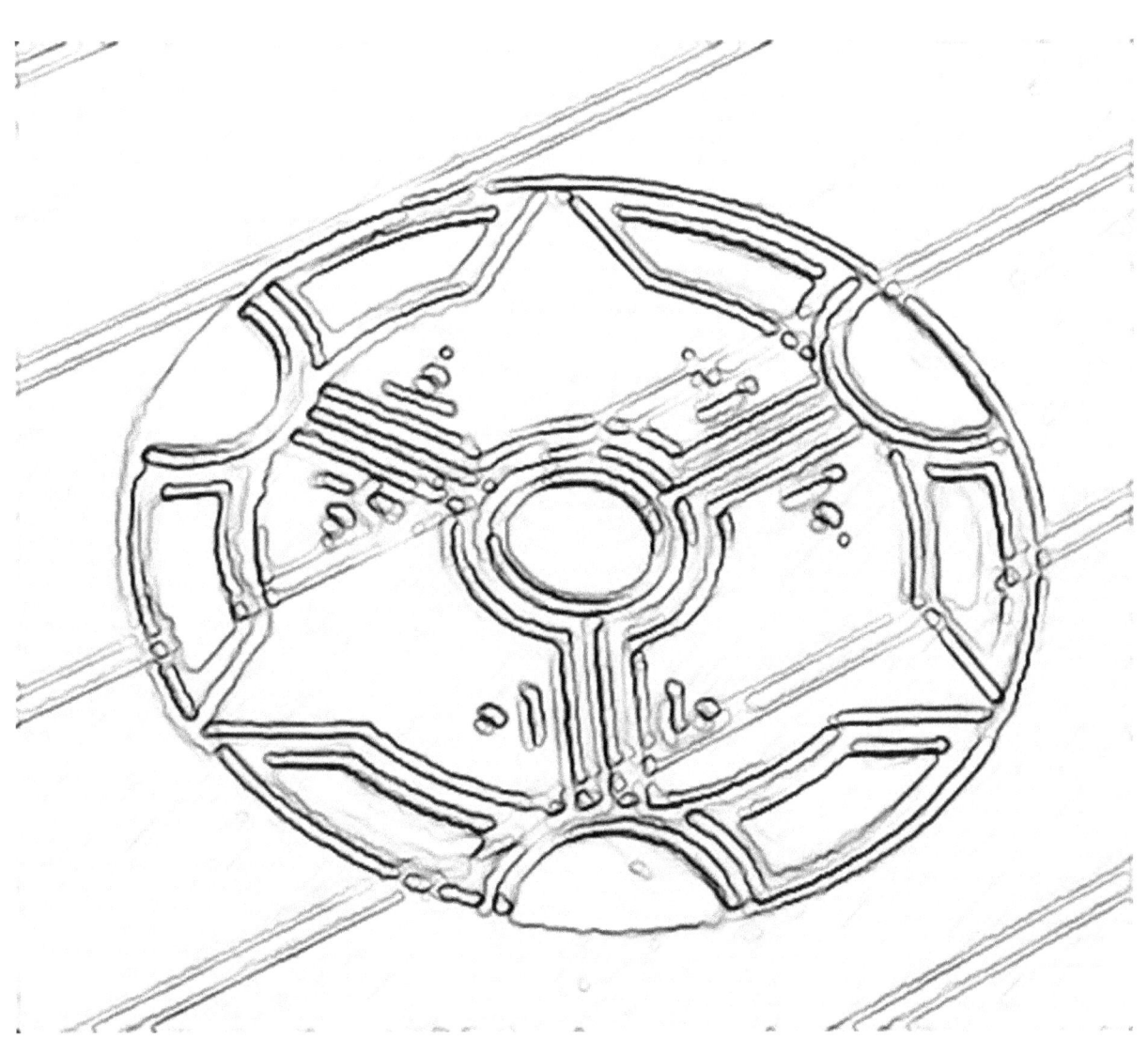

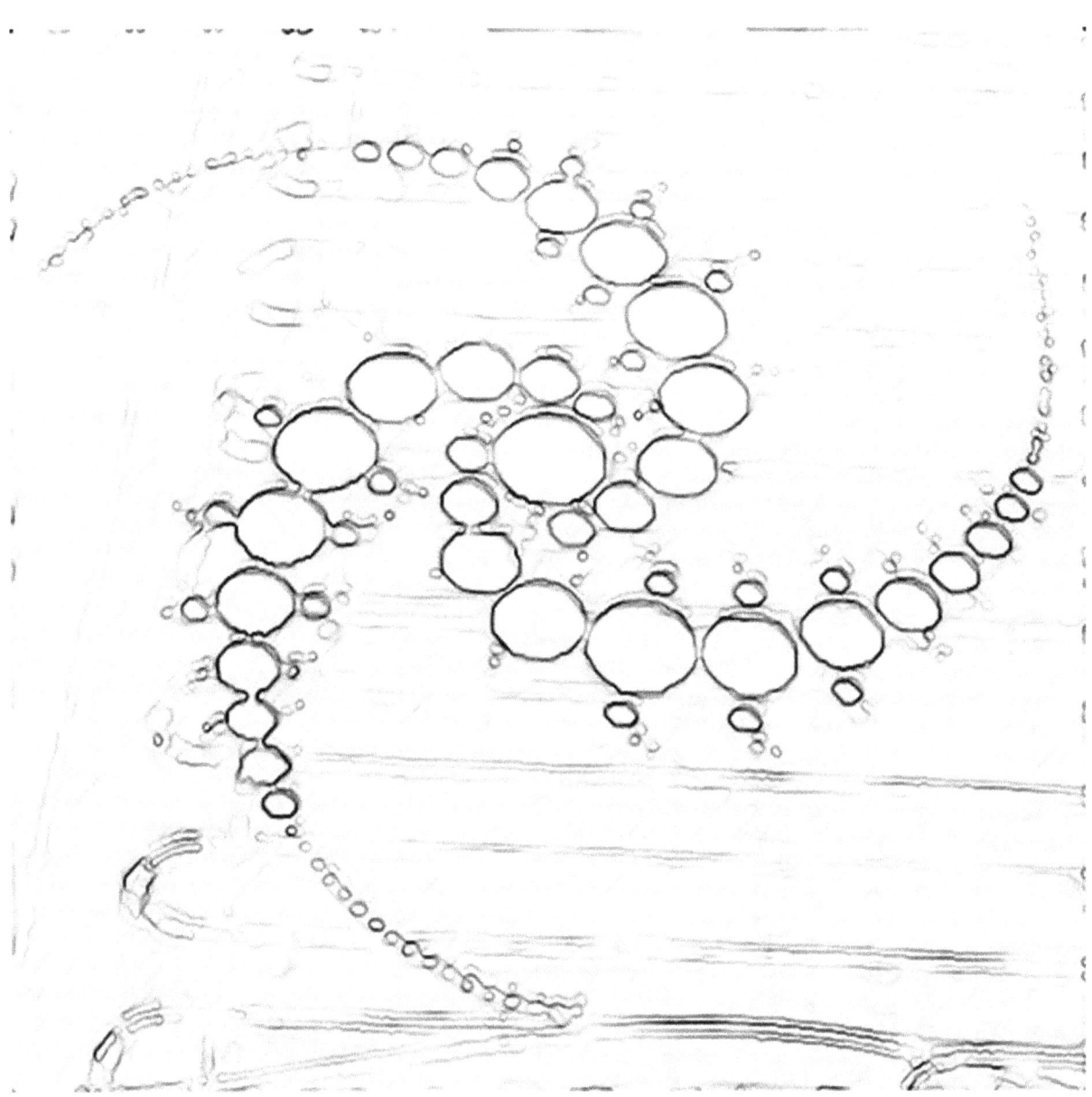

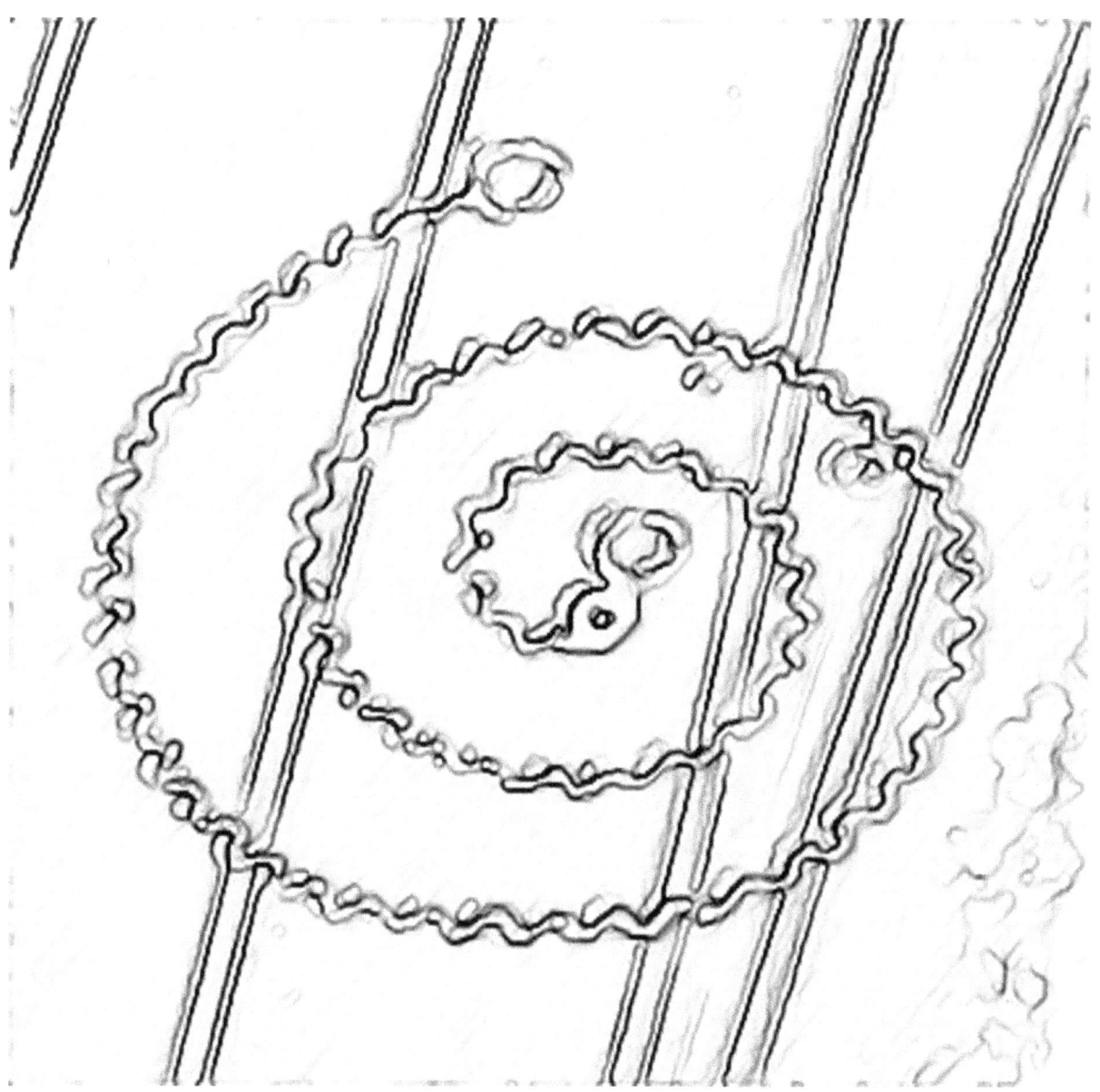

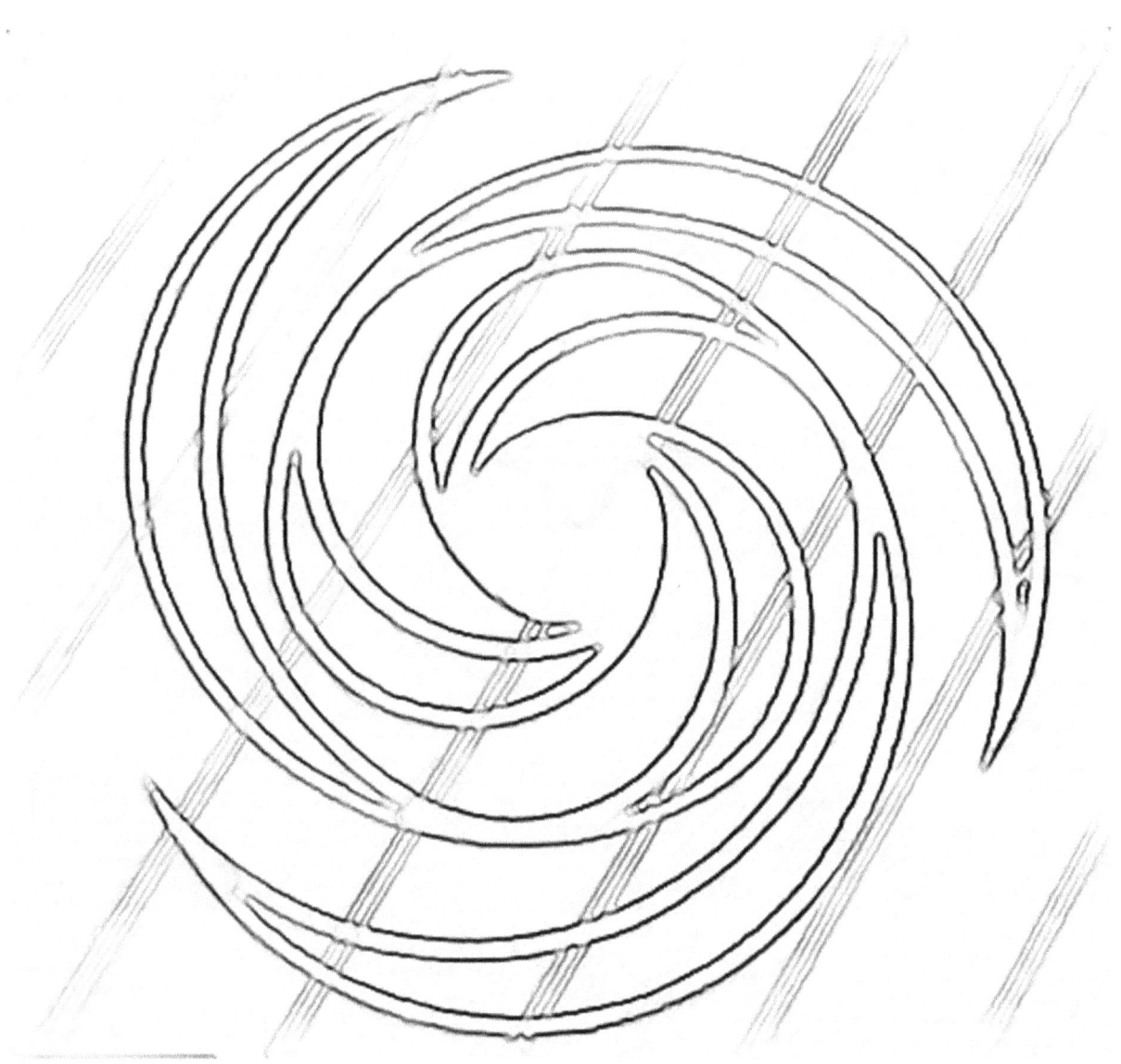

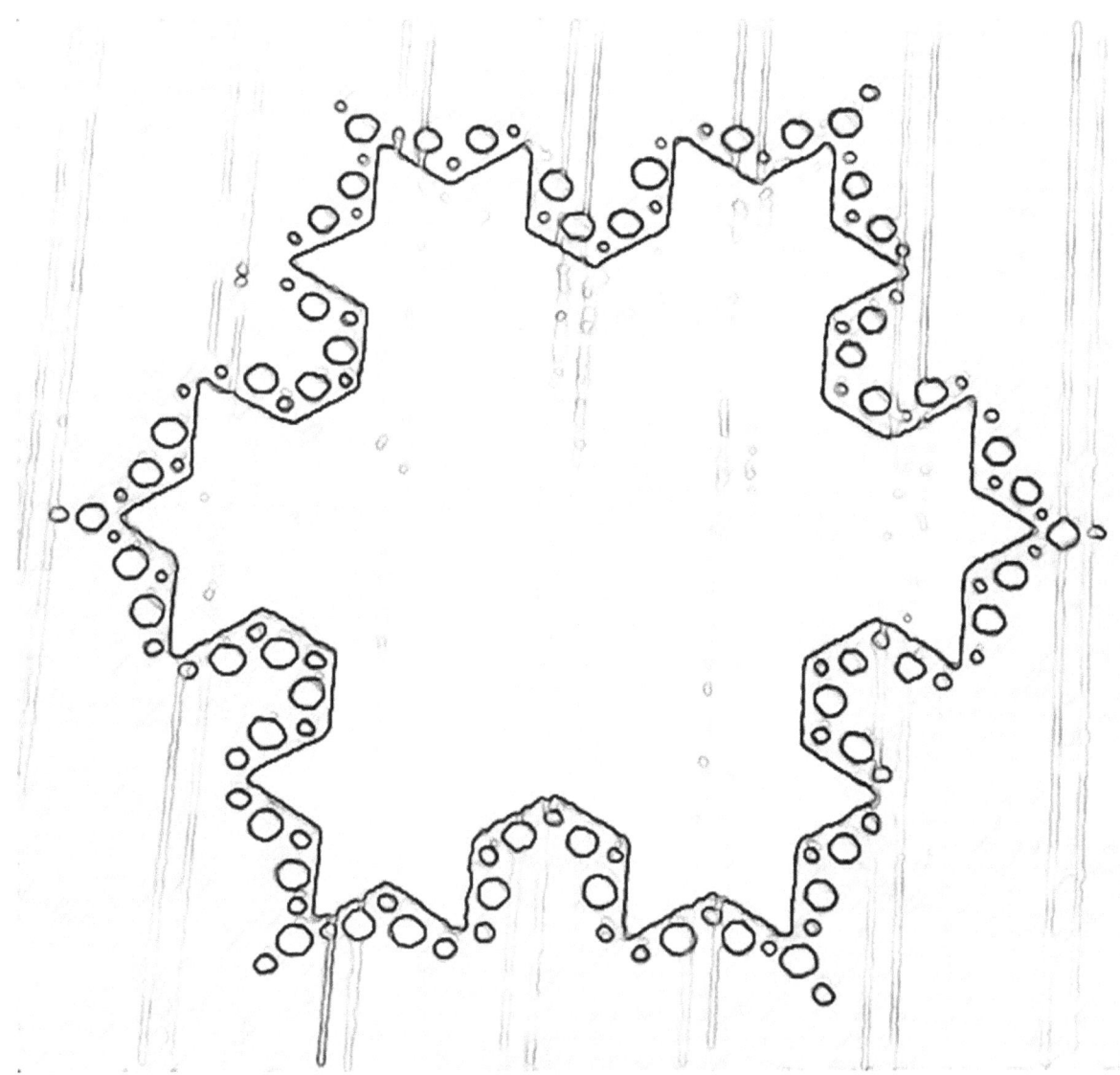

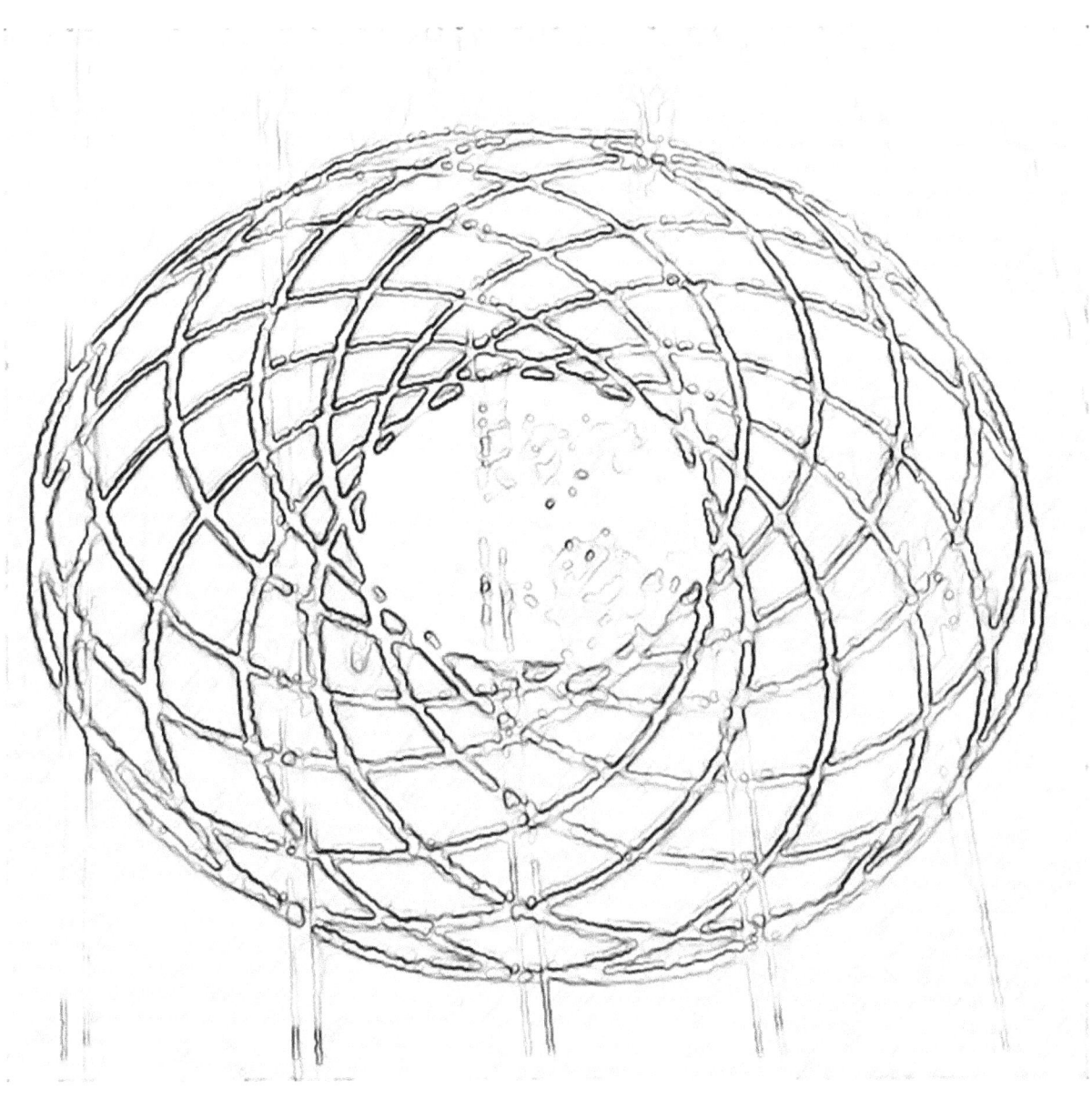

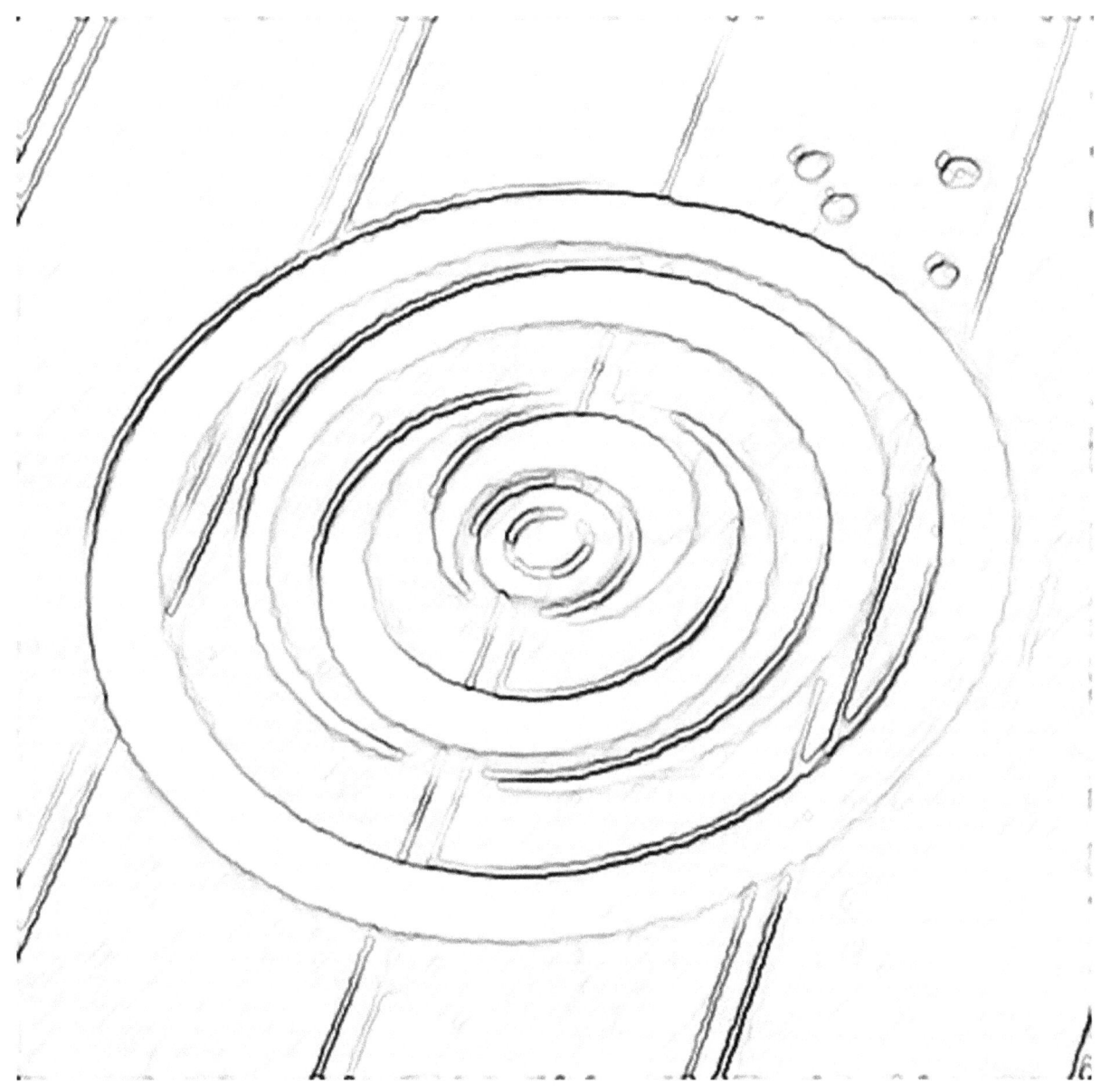

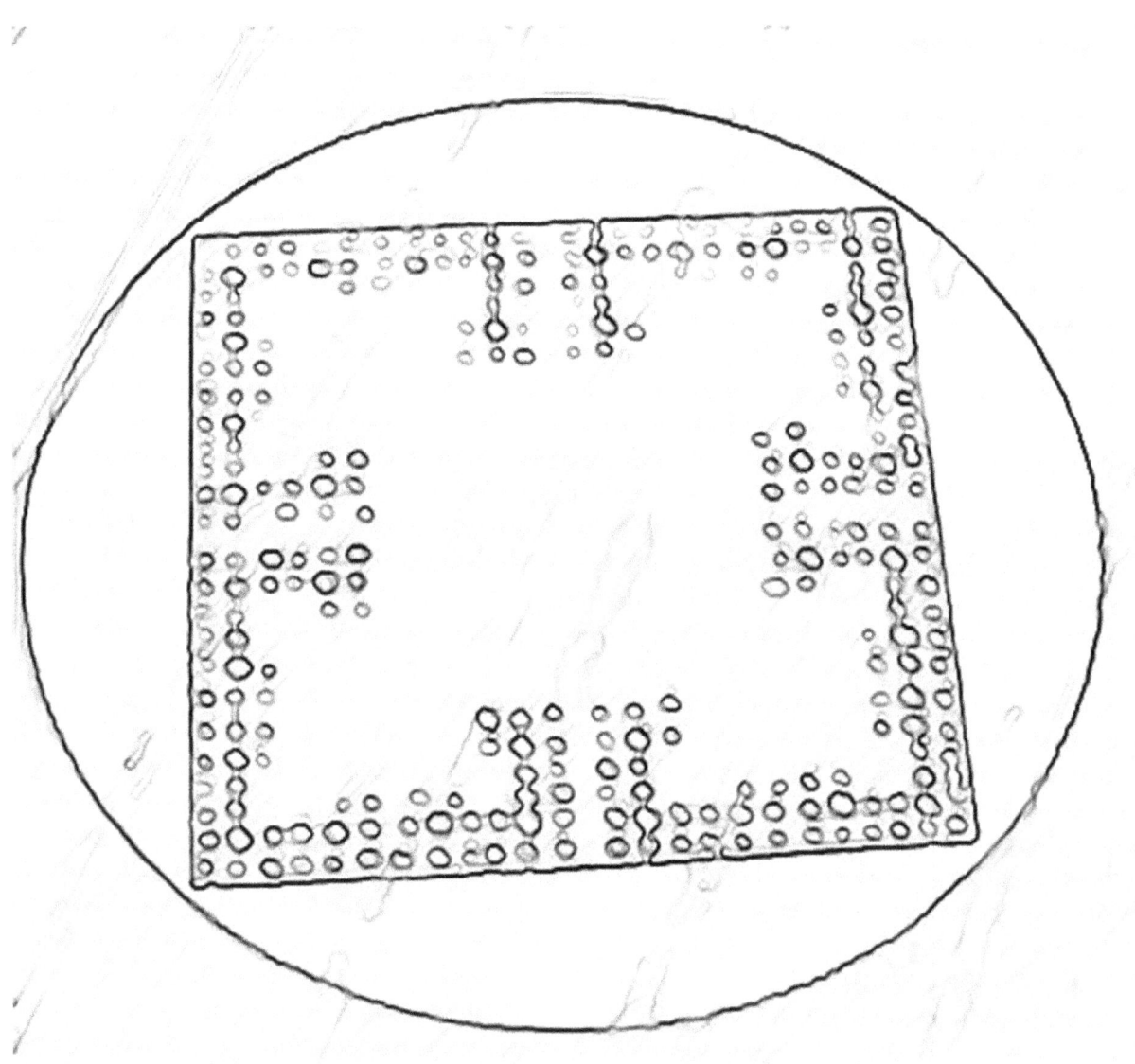

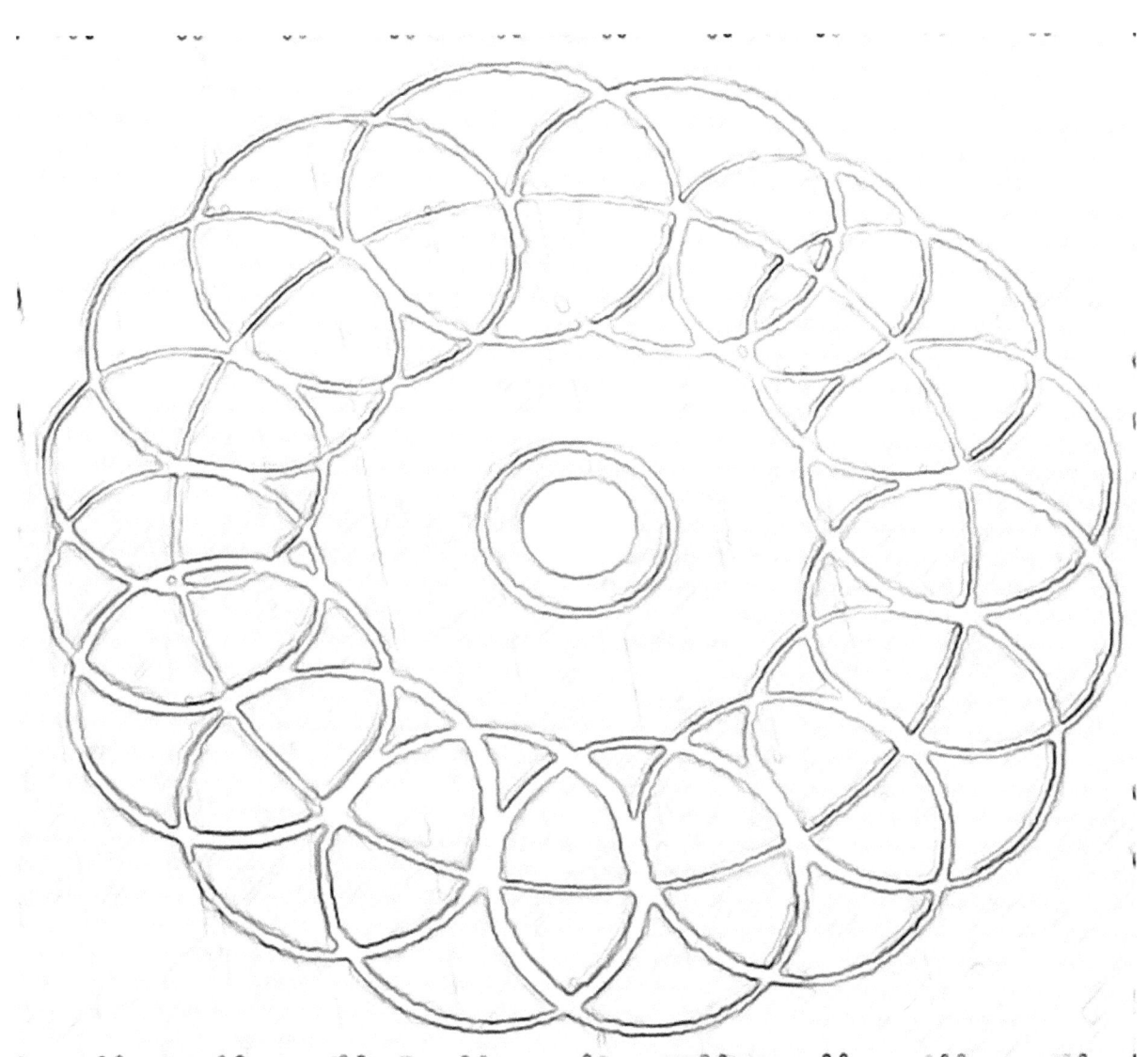

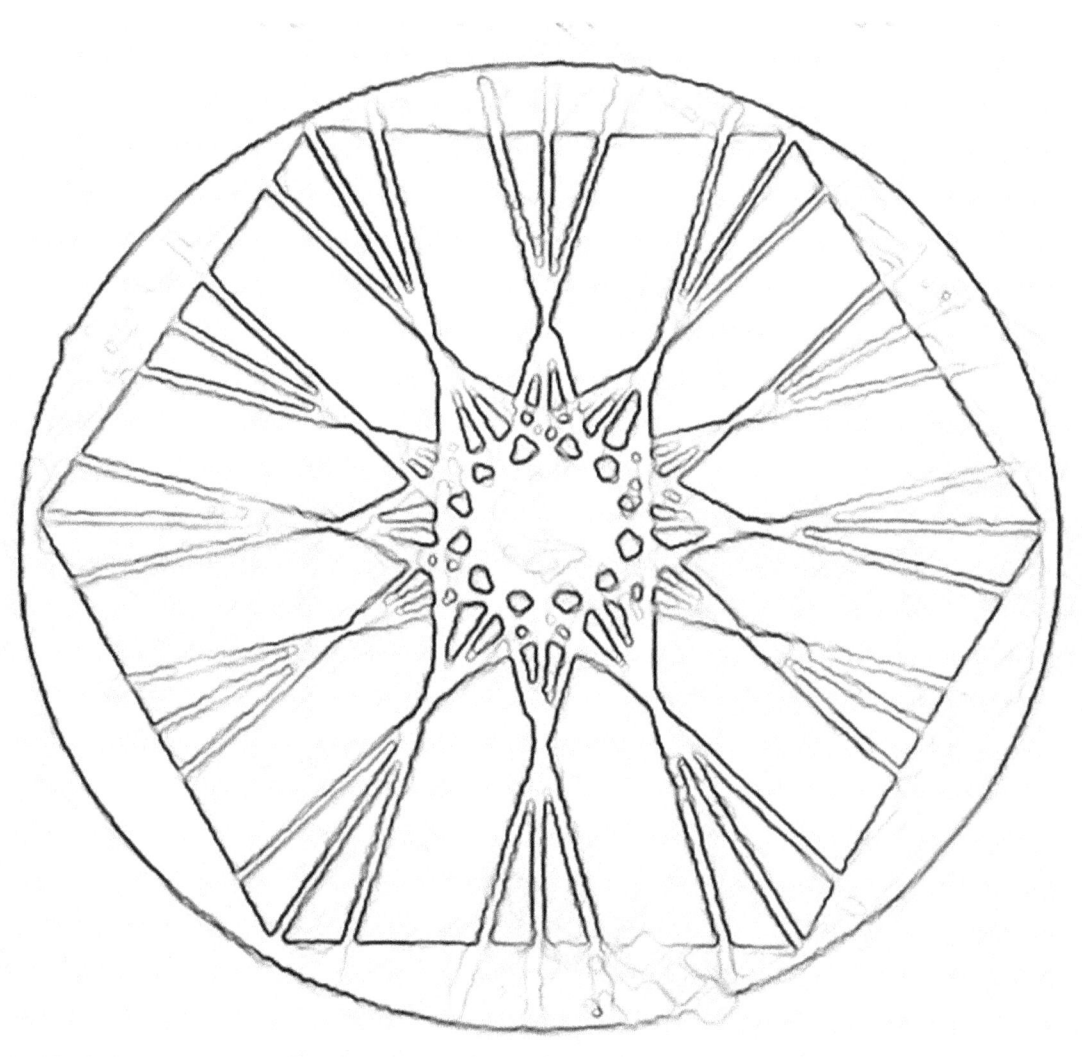

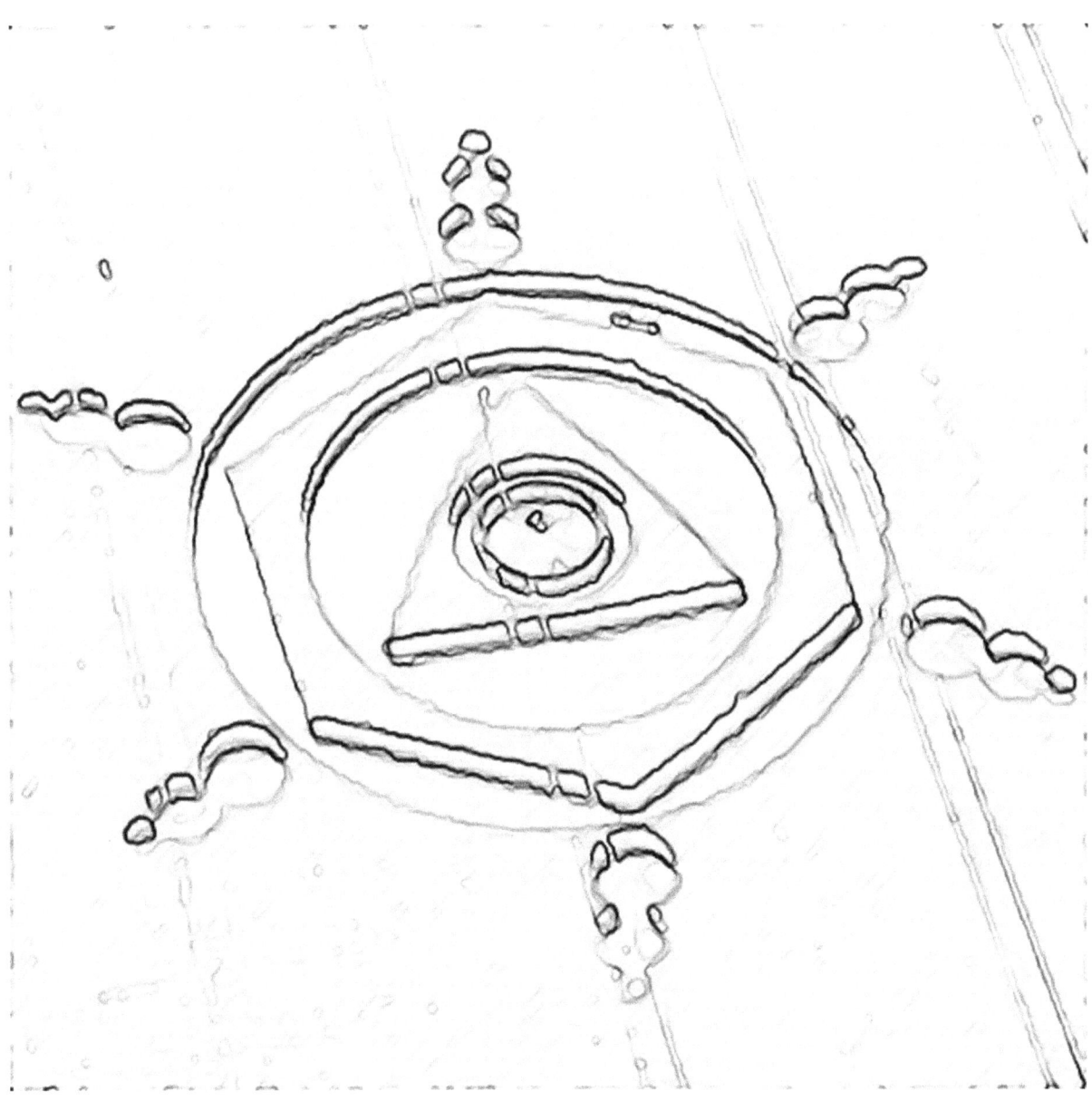

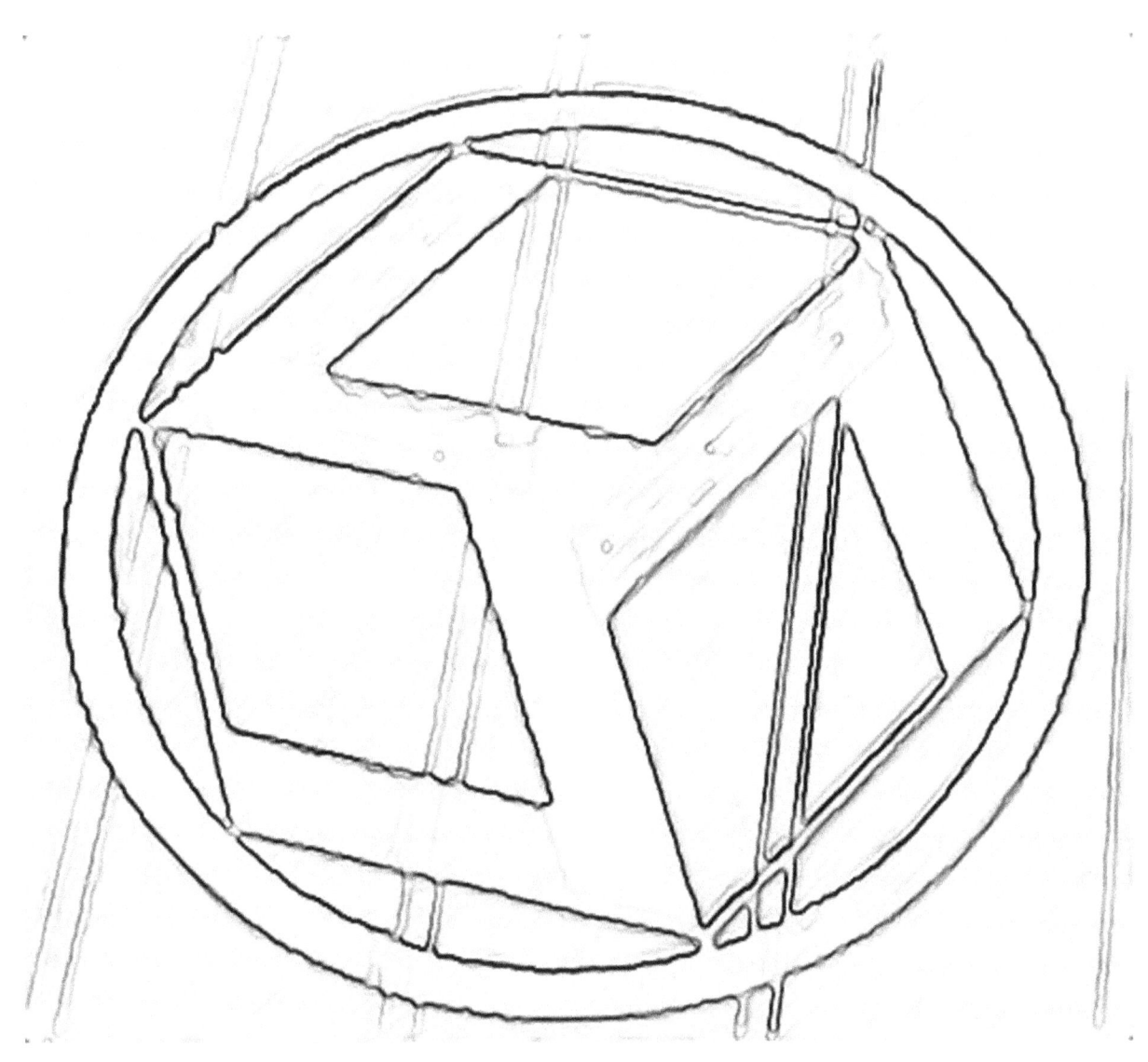

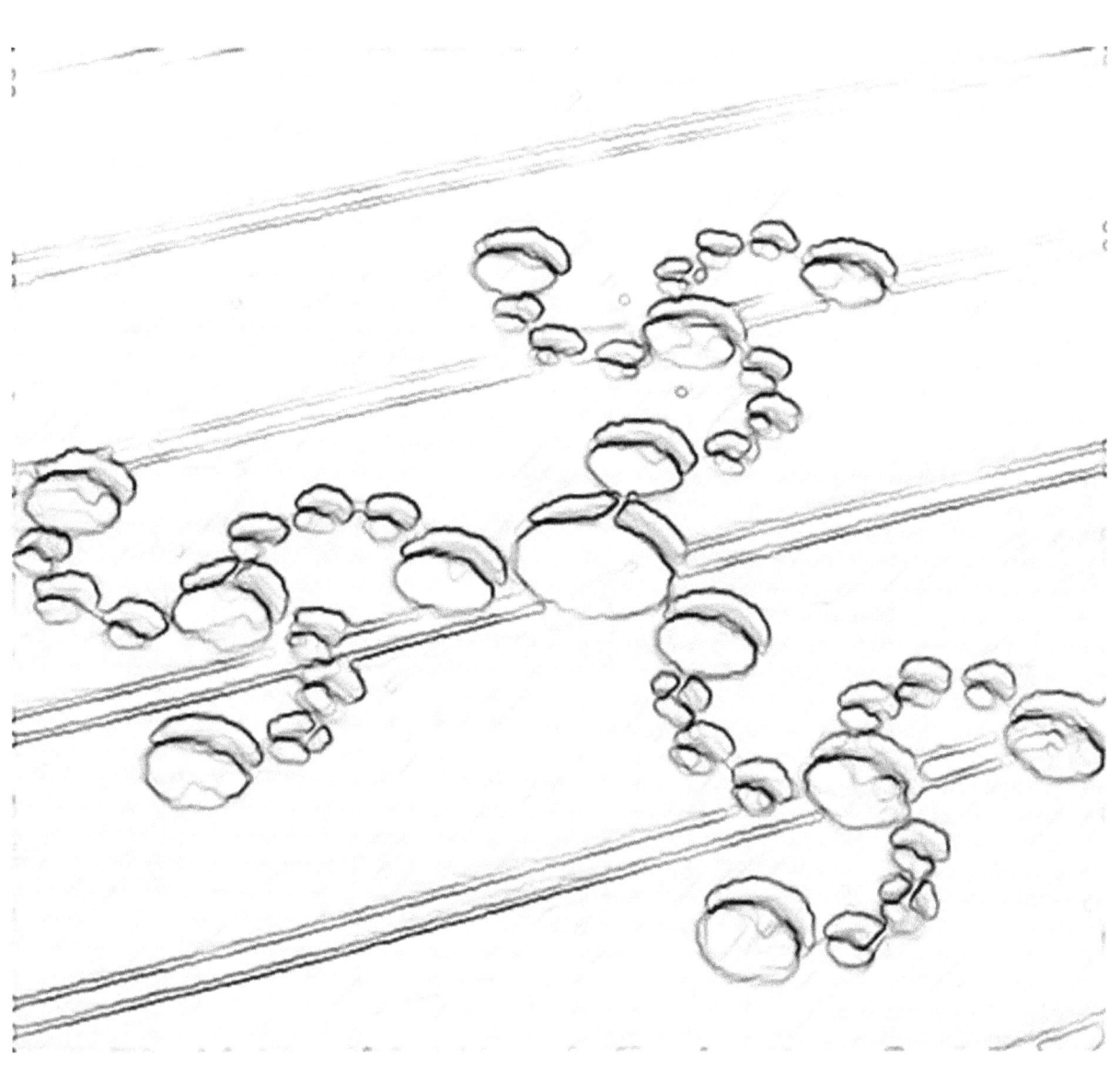

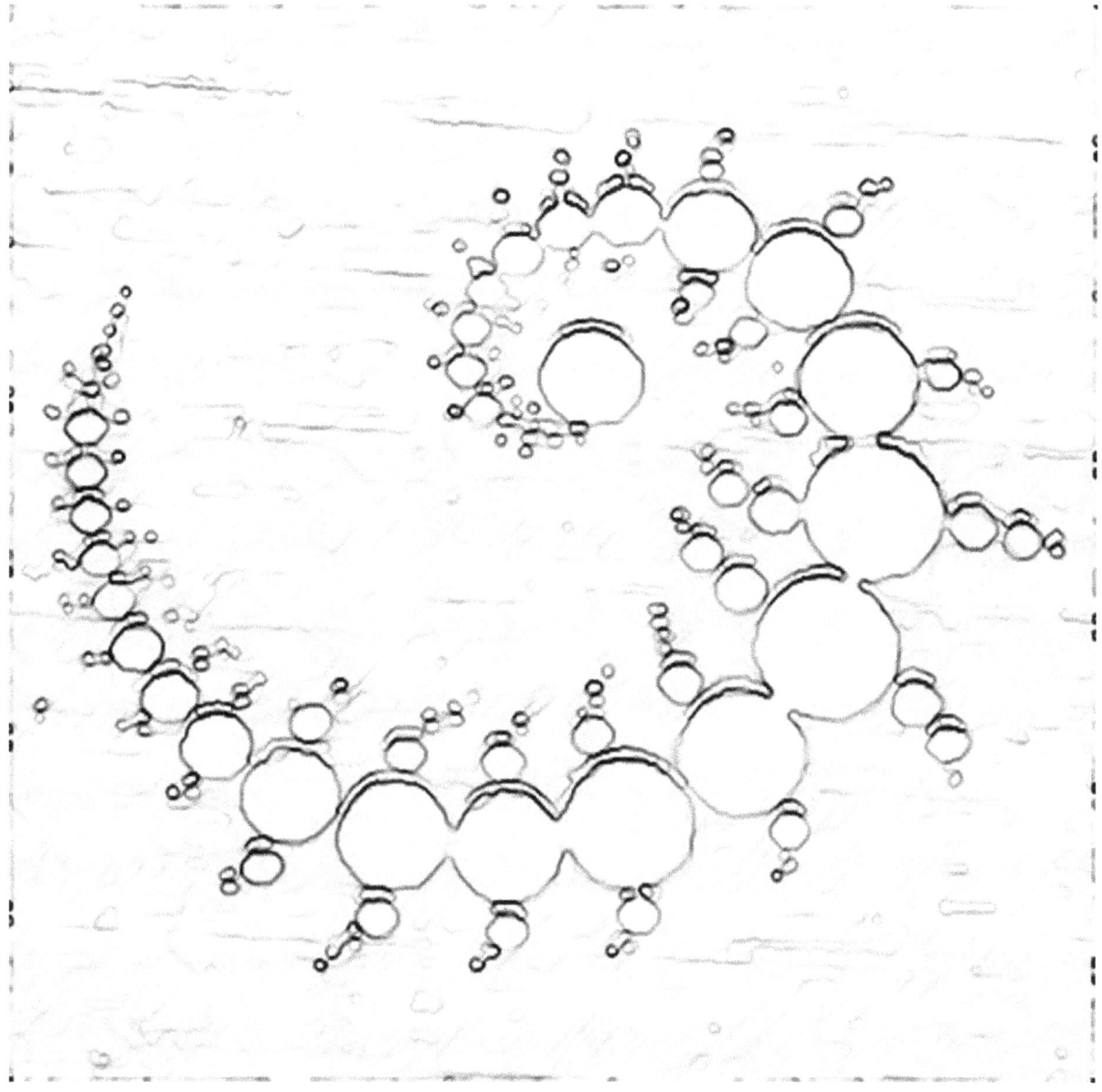

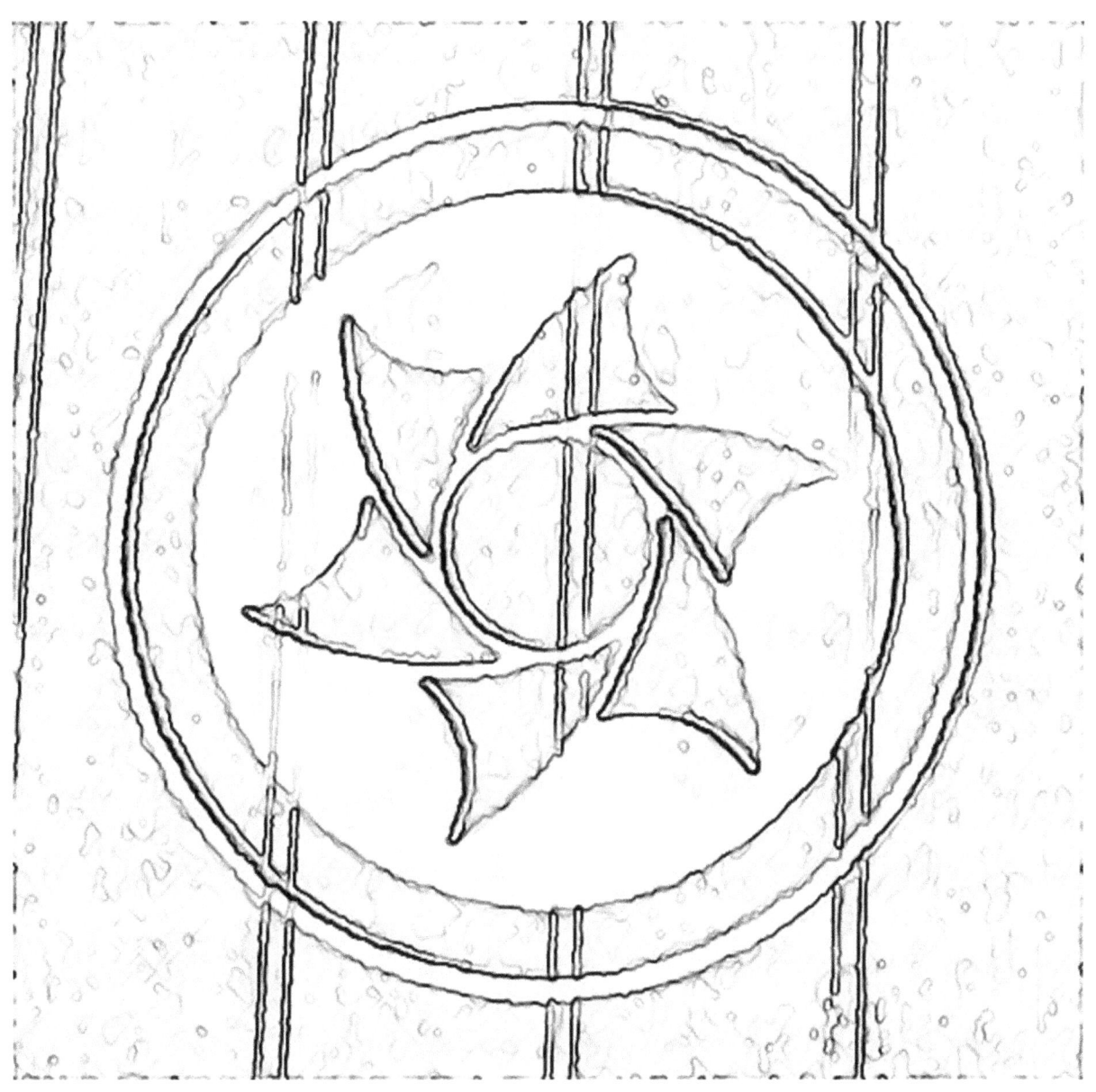

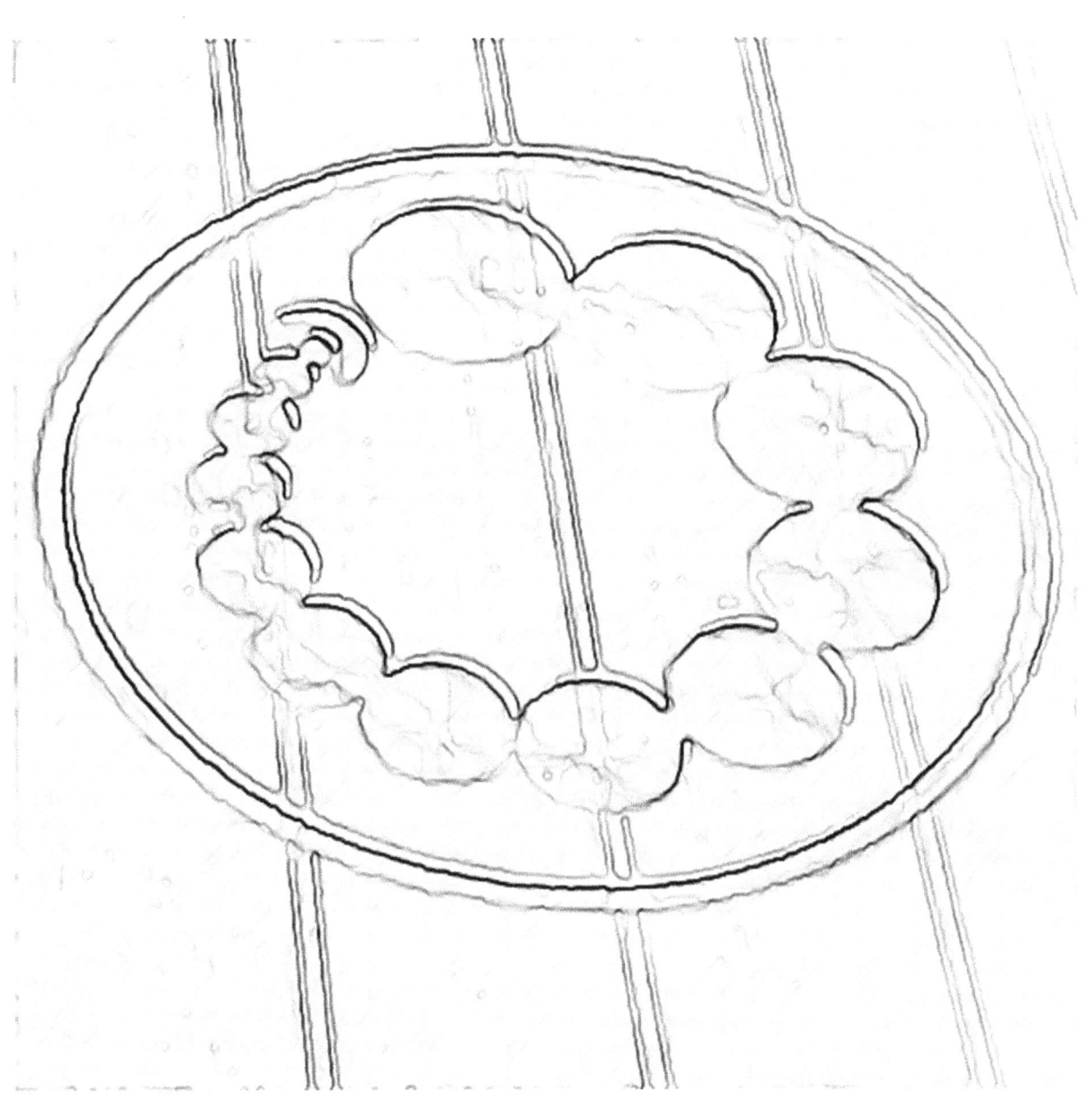

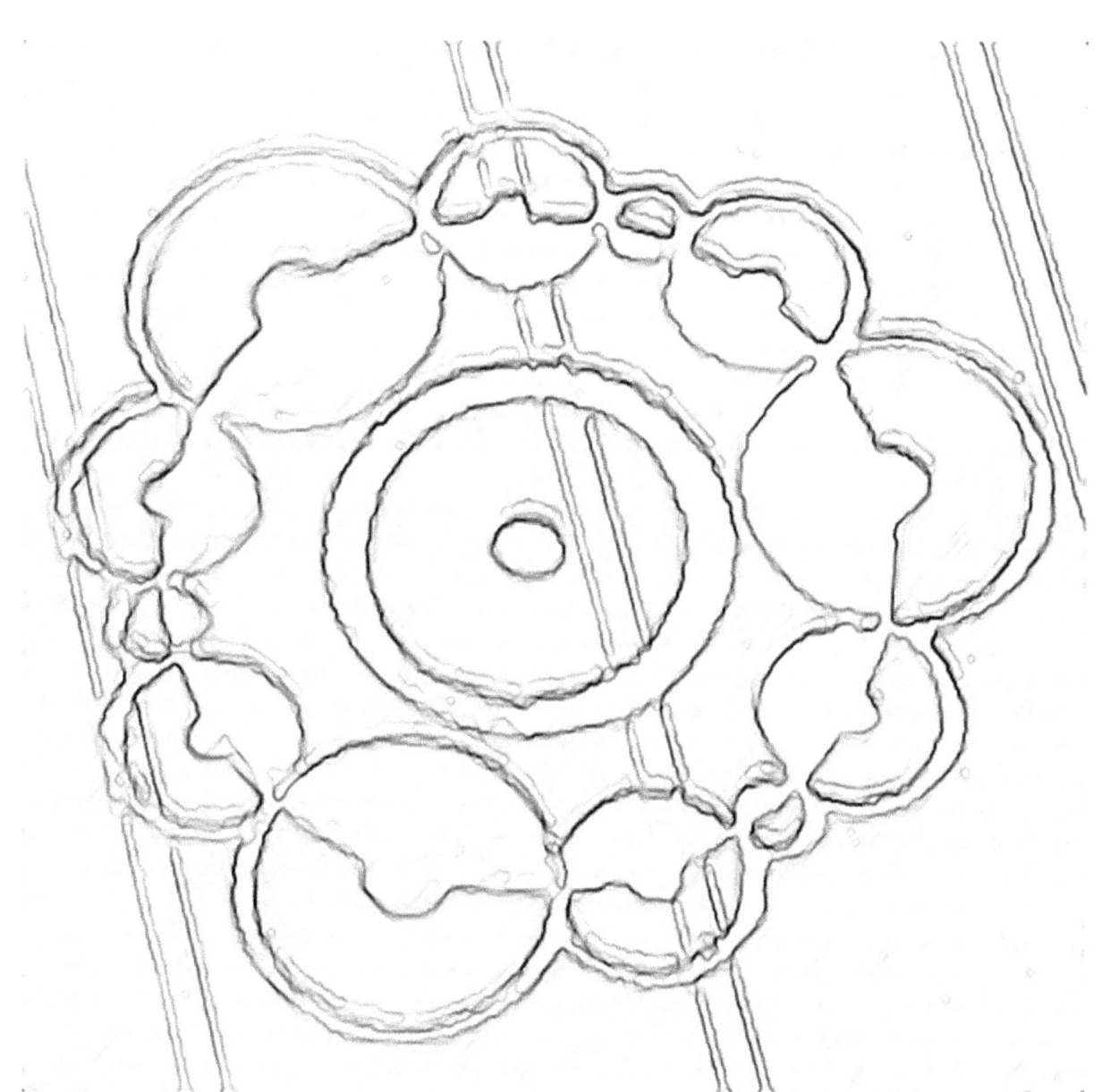

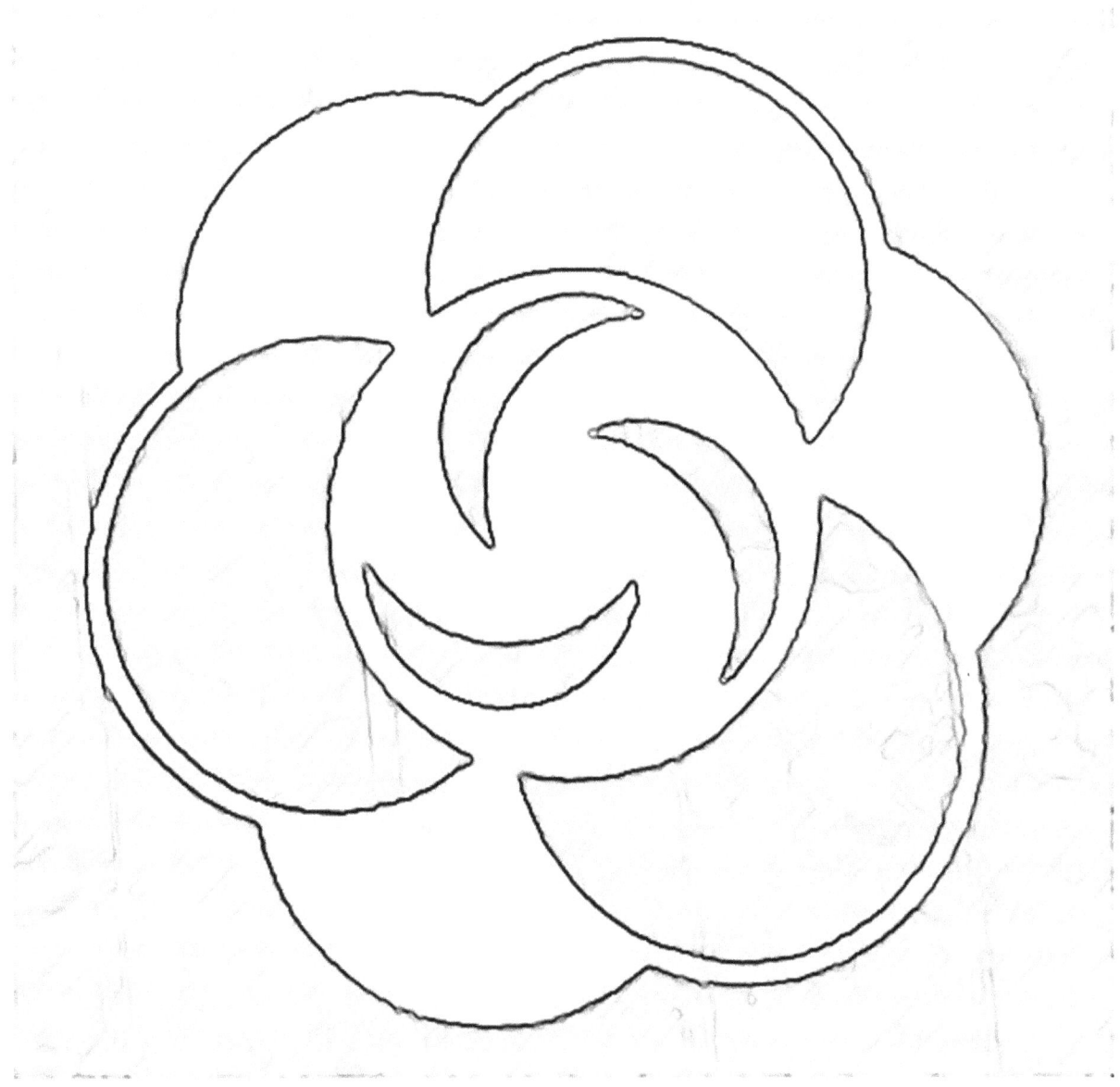

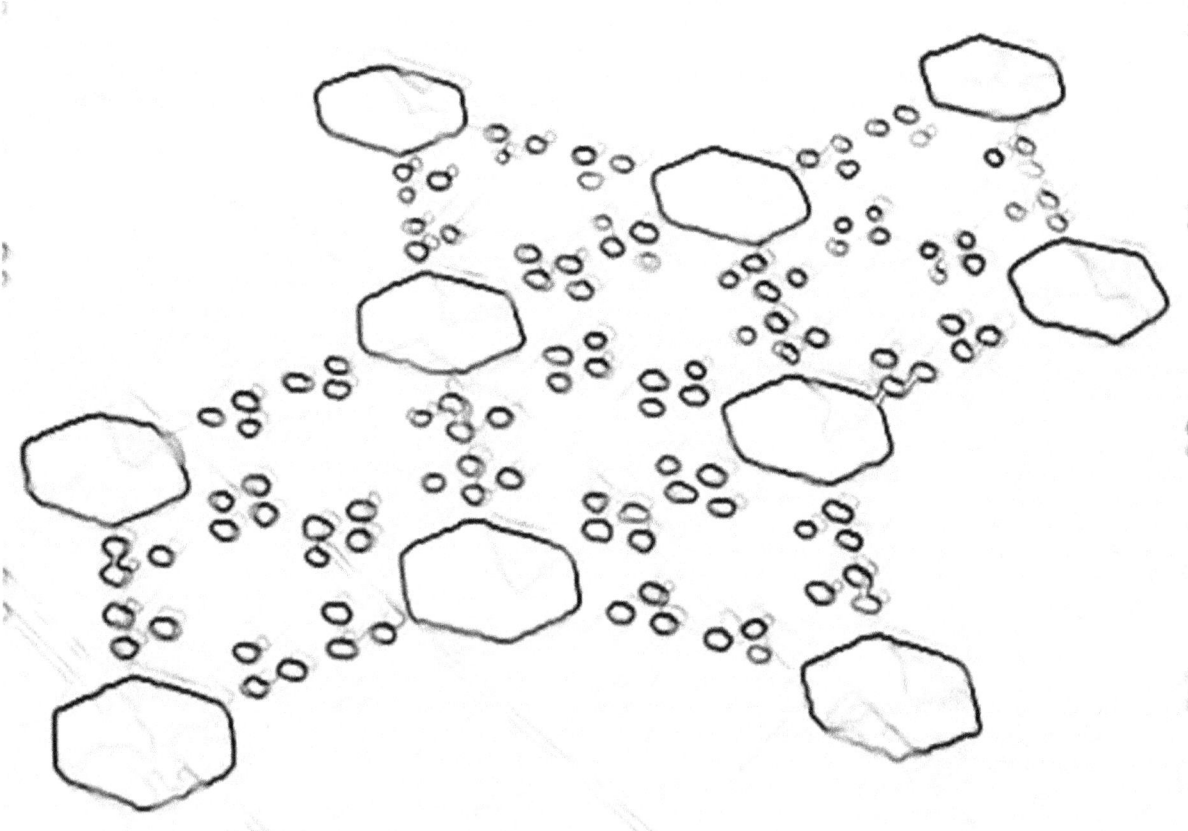

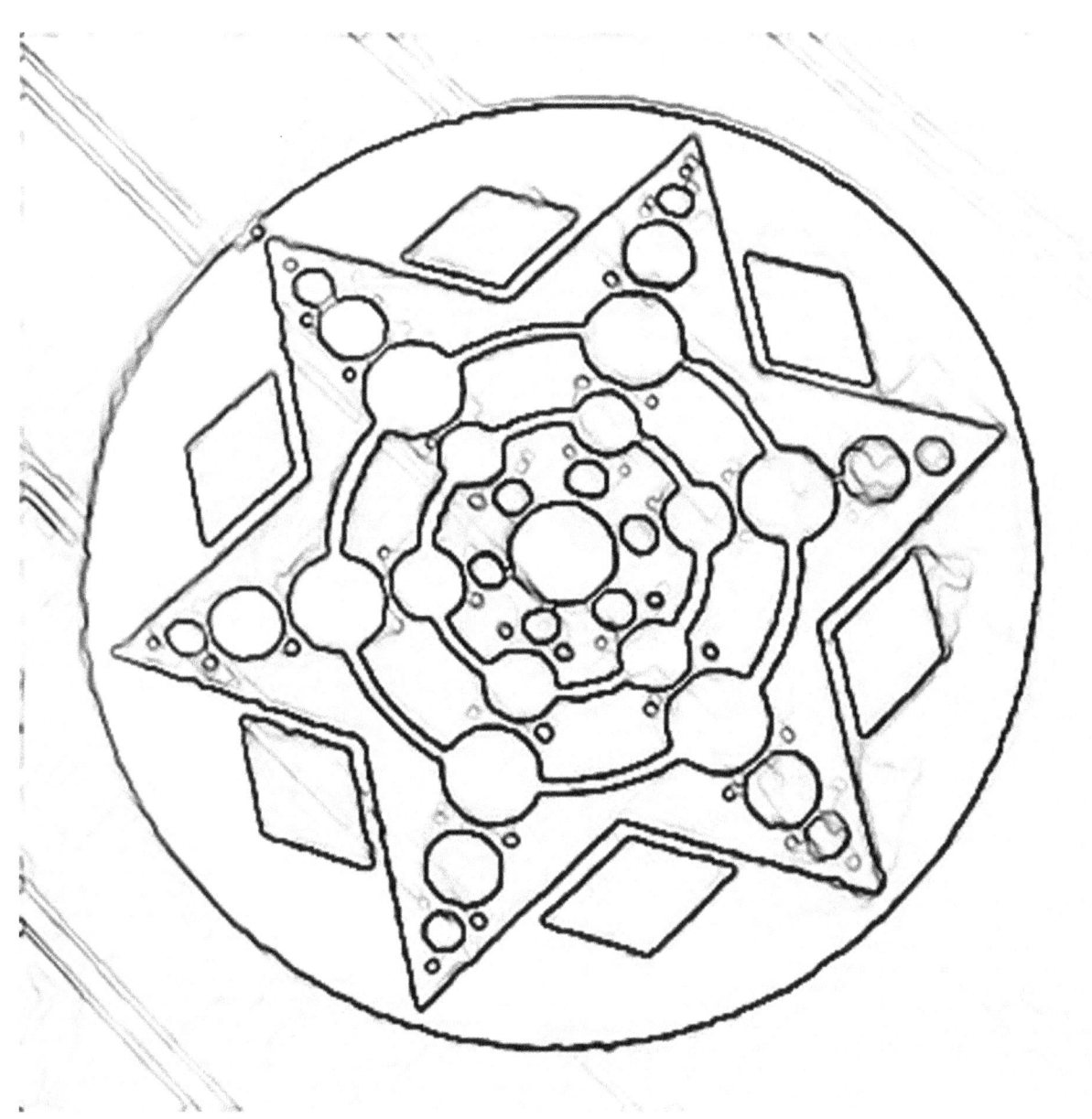

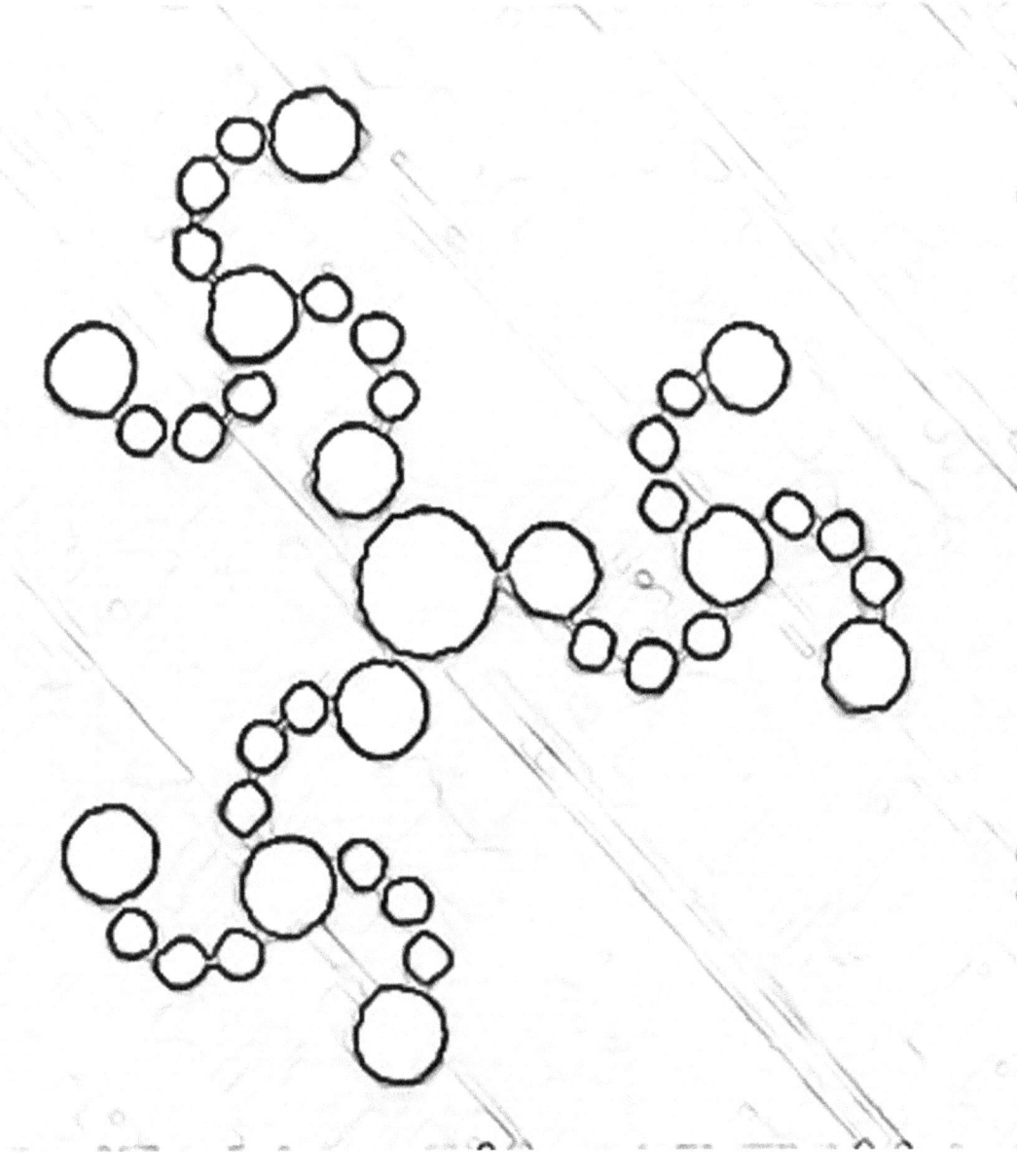

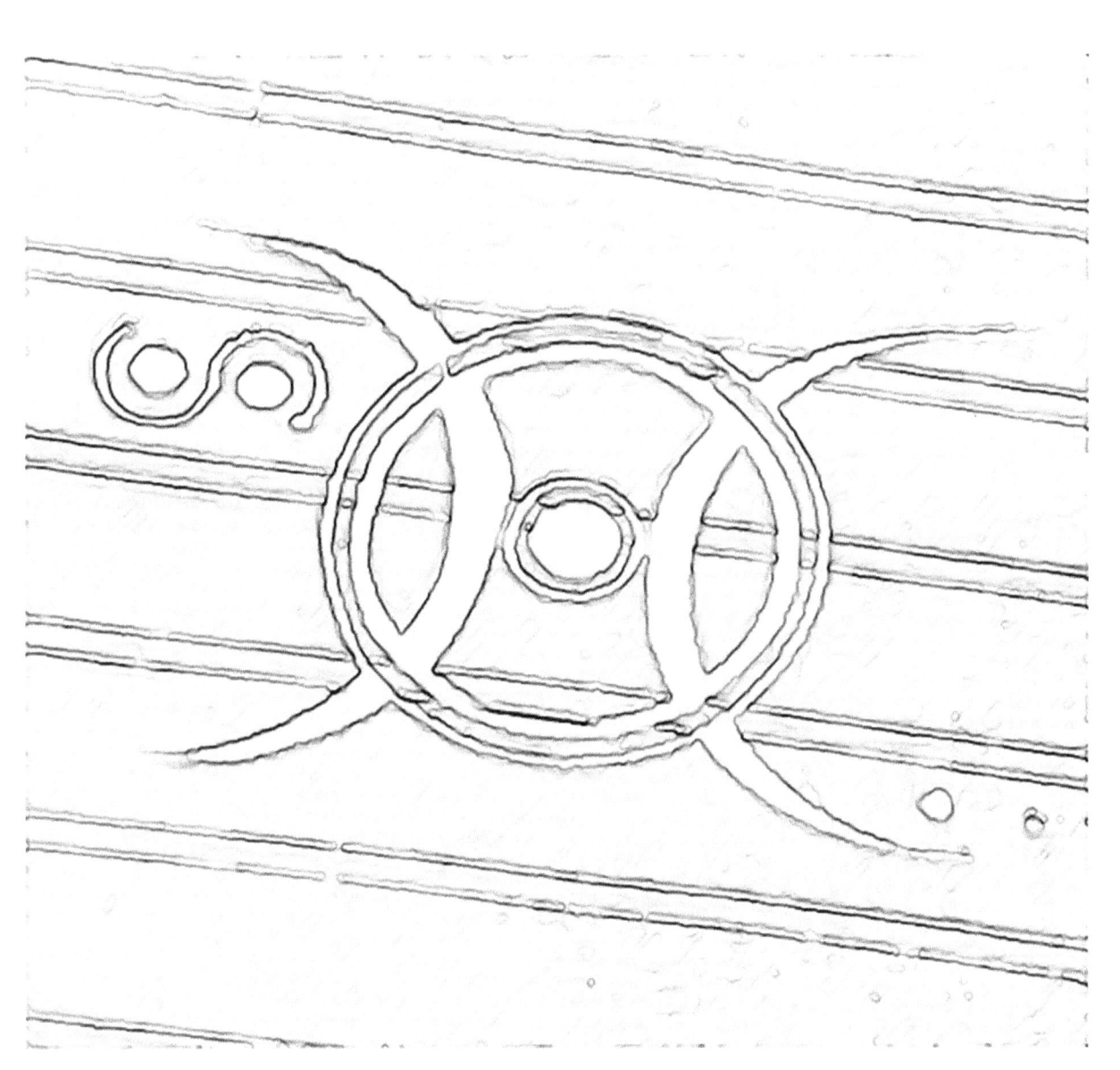

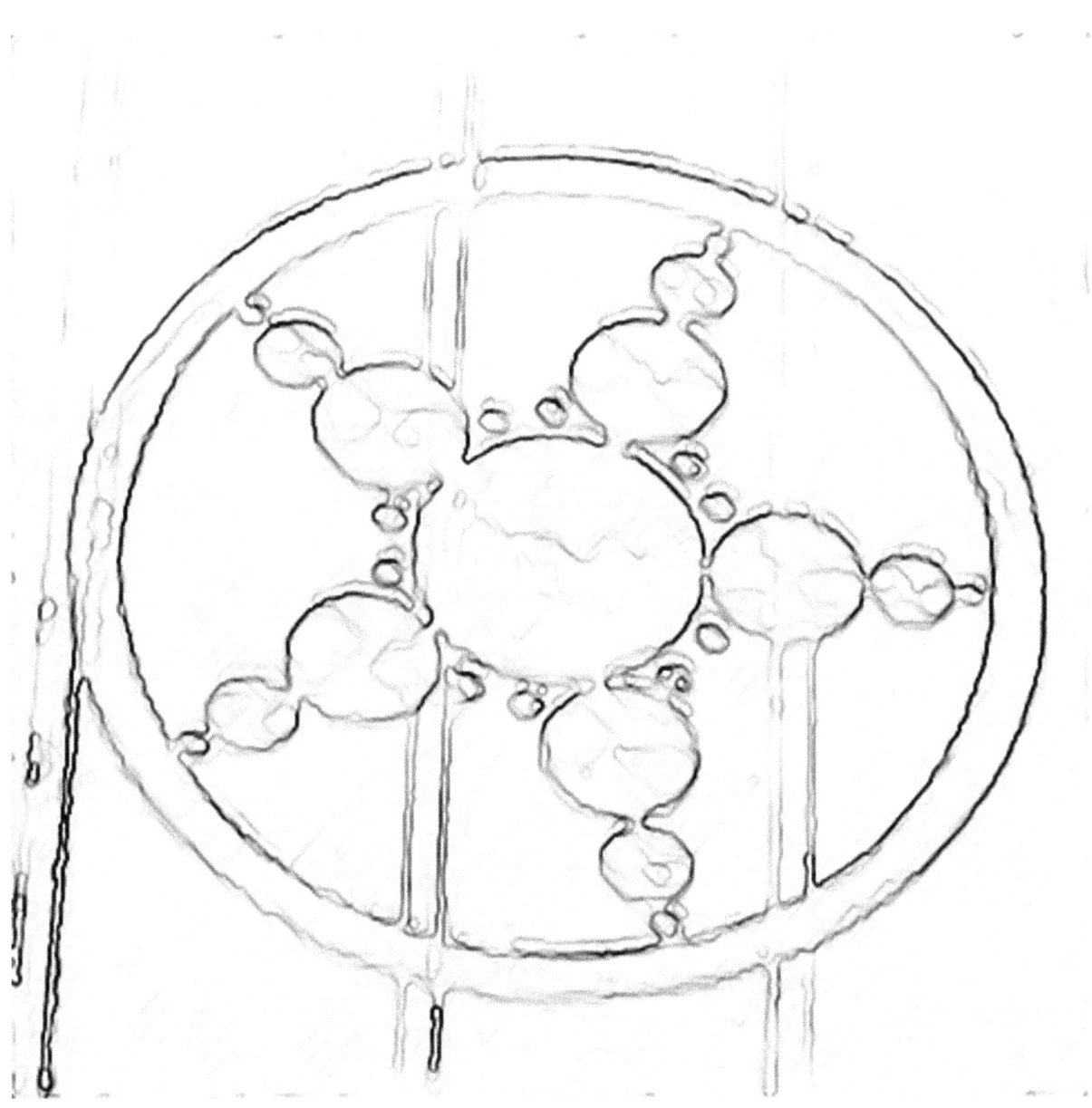

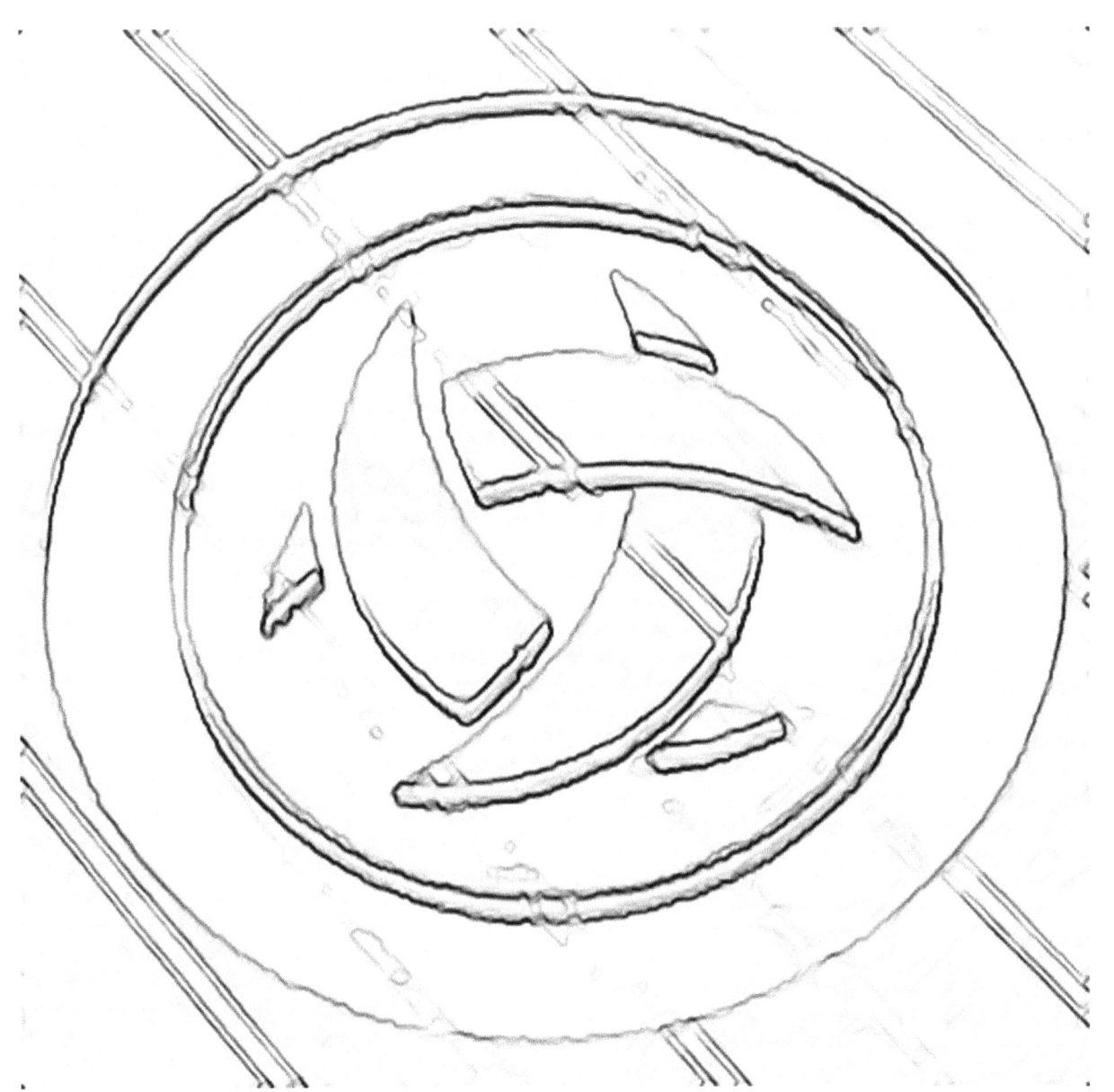

www.ingramcontent.com/pod-product-compliance
Lightning Source LLC
Chambersburg PA
CBHW081559220526
45468CB00010B/2703